Germana Conterno, nata a Genova, dove ha trascorso la sua infanzia, ha lasciato poi la sua città natale per vivere a Milano. Oggi vive con il marito in un paese della provincia di Cremona.
Diplomata, ha frequentato diversi corsi formativi sia per la sua intensa e variegata vita lavorativa nella Pubblica Amministrazione, sia per la sua crescita personale.
È autrice del libro *Il mio viaggio guidato da misteriosi sconosciuti*.

Germana Conterno

Passeggiando nella magica Natura

Alla scoperta dei simboli, dei poteri e della mitologia

di piante, fiori e animali

Albero

Albero centenario, mi piace vederti
pieno di getti e di germogli,
come se fossi un adolescente.
Insegnami il segreto di invecchiare
così: aperto alla vita,
alla giovinezza,
ai sogni, come chi sa
che gioventù e vecchiaia
non sono che gradini
verso l'eternità.

Dom Hélder Câmara,
da *Mille ragioni per vivere*

In riferimento alla simbologia di ogni elemento della natura, si precisa che sono stati riportati solo i simboli positivi citati da alcune culture, religioni ed etnie.

I simboli hanno per lo più una motivazione culturale, valgono cioè per chi se ne serve e li interpreta all'interno di una cultura e di una società. Per esempio, un colore come il giallo, interpretato nell'antichità in rapporto al sole e all'oro come simboli di benessere e di ricchezza, nel Medioevo ha assunto un significato negativo; gli Arabi vi hanno scoperto più tristezza che splendore, gli ebrei più pallore che vividezza e si è dato così via a una interpretazione negativa che perdura tuttora, essendo il giallo anche simbolo di gelosia, di invidia, di tradimento.

Primavera

In una soleggiata mattina di marzo mi soffermai a osservare il mio giardino, i fiori di vari colori desiderosi di scaldarsi al sole facevano capolino tra cumuli di vecchie foglie. Gli alberi intorno iniziavano a guarnirsi di piccole e verdissime foglioline, questa fioritura annunziava come per incanto la primavera.

A fronte di questo meraviglioso scenario mi domandai come avrei potuto condividere con altre persone questo affascinante spettacolo che la natura ci offriva.

Me lo suggerì una *Rosa* mentre le passai accanto. Mi disse: "Prendi della carta e scrivi". Il Mahatma Gandhi disse: «Una rosa non ha bisogno di predicare, si limita a diffondere il suo profumo». Così eccomi qua a ripercorrere tutti i luoghi immersi nella natura e a farli rivivere descrivendoli.

Il pomeriggio del giorno dopo tornai vicino alla rosa, mi soffermai a lungo a osservare la sua bellezza, la sua perfezione, immersa nel profumo percepivo un senso di benessere. Ricordai di aver letto che la rosa trasmette energia spirituale e capii che le sensazioni che percepivo in quel momento erano energie rigeneranti per la mia mente.

La rosa da tempo immemorabile è la regina dei fiori; sempre affascinante, seducente, nessun fiore come la rosa racchiude in sé così alti pregi di forma, di profumo, di colore dei fiori. Il centro della rosa e i suoi petali rappresentano le diversità e le armonie infinite della natura.

Nessun altro fiore come la rosa comunica tanta poesia, conservando un suo fascino: quello del suo linguaggio. «Quando le parole non bastano, si lascia parlare una rosa…».

Secondo la mitologia la rosa fu creata dalla dea Cibele e fu chiamata «regina dei fiori» dalla poetessa greca Saffo. Fin dall'antichità gli uomini ricavavano dai petali di rosa un olio essenziale molto volatile; ancora oggi esso è all'origine della preparazione di profumi molto apprezzati. I Greci consideravano la rosa un simbolo di piacere e dolore. I Romani la dedicavano a Venere come simbolo dell'amore e della bellezza. Per i cristiani diventò l'emblema dell'amore puro della Vergine Maria; nelle litanie è chiamata Rosa Mistica.

In certe giornate di primavera il paesaggio può illuminarsi di una trasparenza percettiva, così come successe in questo pomeriggio di marzo. In cielo le poche nubi bianche stavano tutte alla stessa altezza e si respirava un'aria nitida e lucente.

Nelle ore più calde mi sedetti su una panchina, intorno a me il prato e varie aiuole fiorite colme di *Viole del pensiero*, un fiore bello, delicato, dalle modeste dimensioni, noto in tutto il mondo e associato, secondo una leggenda, all'amore profondo e sincero, poiché una freccia di Cupido cadde su questo fiore.

Alcuni considerano la viola del pensiero il simbolo degli innamorati, per altri sarebbe il simbolo dell'unione familiare.

Nel linguaggio dei fiori rappresenta la Trinità, per i suoi tre colori presenti sui petali.

Stavo lì seduta immobile, il vento fresco sul viso e tra i capelli, il silenzio creava uno stato di tranquillità e la mia mente si liberava dai pensieri, percepivo un legame sottile e profondo tra il mio spirito e la natura; ad attirare la mia attenzione una *Farfalla*, si posò con grazia su un fiore, spiccava il suo colore.

La farfalla è il respiro dell'anima, della trasformazione, della rinascita. Rappresenta il processo di crescita e il cambiamento che ciascuno di noi può attraversare nella propria vita, è un simbolo universale di libertà.

La farfalla non è solo bella ma anche misteriosa, è un messaggio degli angeli.

Le farfalle possono essere annoverate fra gli animali più antichi del mondo.

Incantata dal meraviglioso spettacolo che mi stava dinanzi, vidi sopraggiungere uno sciame di api ronzante e frenetico, in cerca di nettare per poi produrre il miele.

In questo l'ape regina si posò sul ramo di un cespuglio in fiore di *Achillea* e moltissime api si unirono a lei formando un grande grappolo come per proteggerla, sembrava che parlassero tra di loro.

L'achillea è una pianta perenne, rustica con foglie verdi scure e piccolissimi fiori riuniti in corimbi che spaziano dal giallo, al bianco, all'arancione, e a tutte le sfumature del rosa, che danno vita ad allegre scacchiere multicolore. È una delle piante mellifere più amate dalle api.

I fiori e le foglie contengono un olio essenziale ed è ritenuta una pianta officinale. Anticamente usata anche da Achille per curare le sue ferite riportate in battaglia. L'achillea è considerata una pianta potente, esoterica e magica. Valorizzata anche dalle usanze popolari, i suoi fiori e le foglie venivano utilizzati come talismani per proteggere le persone e le case dalle negatività.

Nel linguaggio dei fiori simboleggia la guerra e il dolore, ma esiste anche una variante positiva che cura i dispiaceri amorosi e i cuori spezzati.

Poi lo sciame si alzò in volo ed ebbi l'impressione di vedere come una figura angelica entrare nel regno dei cieli.

Le api spesso rappresentano le stelle e sono anche messaggeri a-lati che portano notizie nel mondo degli spiriti.

L'ape è uno degli insetti più laboriosi che esistano in natura, portano sulle zampe la vita del pianeta.

Un giorno strada facendo vidi una pianta di *Mimosa*, i suoi rami sporgevano verso l'esterno di un cancello, sostai qualche istante vicino alla pianta, accarezzai i suoi delicati batuffoli gialli, il suo aroma dolce inebriante lasciava fluire i miei pensieri.

La mimosa, originaria dell'America tropicale, nonostante il suo aspetto fragile e delicato, è una pianta eccezionalmente robusta, vitale e resistente. Le sue virtù energetiche e curative sono conosciute da secoli.

Esiste un momento storico in cui la mimosa diventò simbolo della «Festa della Donna». La scelta risale al 1946 ed è stata fatta dall'Unione Donne d'Italia, che proposero la mimosa come simbolo, in quanto rappresenta la forza, l'energia, la femminilità e la tenacia delle donne. Pertanto il rametto di mimosa associato alla ricorrenza dell'otto marzo è diventato simbolo della Giornata Internazionale della Donna.

Secondo alcune tradizioni la mimosa simboleggia il sole e l'oro, ma anche la purezza, l'eternità dell'anima, la rinascita spirituale. Inoltre questa pianta avrebbe la capacità di attrarre i favori delle divinità positive e possiede il potere di allontanare tutte le forze negative.

Nel linguaggio dei fiori il significato della mimosa è legato alla forza e alla femminilità, ma la sua simbologia riguarda sia la sfera maschile che femminile.

Rappresenta pure sensibilità, libertà grazia, ed evoca amori segreti.

Chi offre in dono questo fiore afferma: "Nessuno sa che ti amo, ma ti amo".

Il citato cancello delimitava uno spazio circondato da una recinzione formata da una siepe di arbusti di *Mirto* con candidi fiorellini bianchi molto profumati, con un ciuffo di stami dorati al centro e con foglioline lucide di colore verde intenso che dava colore al giardino ancora in riposo vegetale. I suoi frutti sono bacche di colore nero-bluastro, maturano in autunno e si usano come aromatizzante di conserve e per la produzione di un famoso liquore; posseggono anche rinomate proprietà officinali.

Il mirto nella mitologia greca era ritenuto una pianta sacra a Venere. Pare che secondo la narrazione la dea, giungendo nuda dal mare sulle spiagge di Citera, si fosse nascosta dagli sguardi bramosi dietro le fronde profumate di questo arbusto.

Il mirto era la pianta simbolica più importante dell'antica Roma, gli antichi Romani ritenevano che nei suoi rami fluisse la linfa della felicità, perciò fu chiamata per secoli "Città del mirto".

Era considerato un arbusto legato alla forza e al coraggio, tanto che con i suoi rami s'intrecciavano corone da porre sul capo dei guerrieri trionfanti che avevano conquistato la vittoria senza spargimento di sangue.

Gli antichi Greci credevano che chi coltivava il mirto fosse accompagnato da energia e vigore.

Nel mondo antico durante il banchetto nuziale, come augurio di vita serena e fecondità si donavano i suoi rametti agli sposi, mentre in Israele si usavano per intrecciare le corolle indossate dalle spose il giorno delle nozze.

Ancora oggi in Inghilterra un rametto di mirto con suoi perfetti fiorellini adorna i profumati bouquet da sposa come simbolo di amore eterno.

Il mirto è considerato un simbolo della poesia, della gloria poetica, di vittoria, di pace, e apporta benessere e prosperità.

È un'essenza vitale e trasmette il soffio della vita, inoltre simboleggia il germinare, il rinascere della vita e il suo rinnovarsi.

Questo arbusto è citato in più passi della Bibbia ed è anche riportato nella poesia la *Pioggia del pineto* (1903) di Gabriele D'Annunzio.

Proseguendo la mia passeggiata in campagna vidi tra i giunchi uno stagno formato da uno specchio d'acqua, non molto grande e poco profondo, il cui fondo è ricoperto da vegetazione palustre, sopra l'acqua sbocciano *Ninfee* e fior di *Loto*.

La ninfea ha le foglie che poggiano sull'acqua, mentre le foglie di loto sono più grandi fuoriesco dall'acqua.

Le caratteristiche del fior di loto è la longevità dei suoi semi che possono germogliare anche dopo secoli. Questo fiore, benché nasca da acque stagnanti e putrescenti dà origine a un fiore bellissimo e puro, nato dal fango, ma da esso non intaccato.

In Oriente le acque stagnanti sono l'immagine dell'indistinzione primordiale, del caos e il loto che da esse sorge è simbolo dell'apertura spirituale, della rinascita e di forza vitale. Inoltre rappresenta l'integrità del corpo e della parola, dell'elevazione spirituale dell'uomo virtuoso.

Il fiore di loto ha qualcosa di misterioso e di passionale, una vita sofferta che sembra perfino segreta.

Questo fiore è considerato sacro sia dal buddismo che dall'Induismo.

Le ninfee sono fra le più eleganti e caratteristiche piante lacustri, i suoi fiori sono spiriti protettivi dei boschi, fontane, sorgenti e montagne.

Sulle foglie di questi fiori danzavano delle piccole *Rane*. Questo anfibio, poiché sorge dall'acqua, è simbolo di rinnovamento della vita, trasformazione, resurrezione. È il simbolo di longevità, la forza che emerge dalla debolezza, il signore della terra, il potere risanatore delle acque.

La rana vive sia in acqua che sulla terraferma, pertanto ha un'evidente connotazione spirituale; per questo motivo rappresenta il regno terreno e quello spirituale.

In molte leggende e racconti popolari la rana è associata al mondo della stregoneria e della magia.

La rana durante l'inverno sprofonda nel fango del suo stagno e vi rimane inerte fino alla primavera seguente.

Stavo per allontanarmi mentre ad un tratto sopraggiunse un'*Anatra* che si tuffò nell'acqua dello stagno seguita dai suoi anatroccoli che procedevano tutti traballanti in fila indiana.

Il mio sguardo non riusciva a distogliersi da quella piacevole visione, quando vidi uno di questi anatrini in disparte, non era entrato in acqua e allungava il suo esile collo verso di me, nella mia immaginazione pensai che forse volesse dirmi qualcosa.

In quel momento mi tornò alla mente la storia del "brutto anatroccolo", forse anche lui era stato scacciato dai suoi fratelli. Mi allontanai pensando al lieto fine della storia (il brutto anatroccolo era diventato un bellissimo cigno) e, riflettendo, anche nella vita può esserci una legge di ricompensa alle ingiustizie subite.

Poco più avanti dello stagno vi era un vivace gruppo di fiori di fiordaliso e su di loro saltellava un *Grillo* da un bel colore verde acceso che contrastava l'azzurro di quei fiori.

Il grillo è uno degli insetti più interessanti per simbologia, rappresenta un piano spirituale molto elevato. Guida al risveglio delle capacità intuitive, aiuta lo sviluppo della chiaroveggenza e dei sogni lucidi. Il grillo deve la sua fama di porta fortuna per il suo canto notturno, che trasmette gioia e felicità.

Nella tradizione religiosa è il simbolo della vita, della morte e della resurrezione poiché d'inverno riposa sottoterra e in primavere rinasce.

Accanto ai fiordalisi vi erano sassi deposti uno sull'altro a formare come una montagnetta, da dove vidi sbucare un capino che si muoveva in ogni dove. Era una *Lucertola* che strisciando lentamente usciva dai sassi per poi distendersi al sole mostrando tutta la sua grazia, che è aumentato dalla snellezza delle sue forme e dall'agilità con cui si muove, infatti fa ondulare a destra e a sinistra la muscolatura del tronco.

Questo rettile alla fine dell'autunno cade in letargo e dorme un sonno lungo e profondo fino a marzo; soltanto nelle zone in cui l'inverno è più rigido, scava una buca nel terreno o si ripara sotto una roccia.

La lucertola non fa provare disgusto o terrore. Sembrerebbe che con pazienza possa essere addomesticata e che in pochi giorni si abitua alla presenza delle persone, può vivere anche più di dieci anni.

La lucertola è un simbolo del silenzio, nell'antichità simboleggiava la fortuna e la saggezza, mentre per i Romani rappresentava per il letargo la morte, il suo risveglio la resurrezione.

Rientrando da questa passeggiata la mia anima si sentiva appagata e nutriva un sentimento di ammirazione e di gratitudine per quanto di bello e favoloso mi offrì la natura.

Questo patrimonio di bellezza naturale mi portò a parlare con i fiori, con le piante, con gli animali e a sentirli parte di me, compresi che chi sta a contatto con la natura non è mai solo.

In un bel pomeriggio di sole primaverile mi sedetti in giardino a scrivere. Mentre riflettevo lasciai scorrere lo sguardo, quando all'improvviso fece la comparsa una *Coccinella* posandosi sulla mia mano.

La coccinella è considerata una portatrice di felicità, perché si dice che sia una messaggera divina. Le numerose credenze positive che la circondano la rendono un insetto molto amato e da molte persone ritenuto un portafortuna.

Questo insetto simboleggia forza, vitalità, coraggio, ed è portatore di buoni auspici, di luce e di amore; è anche fonte di ispirazione per lo sviluppo della spiritualità. Si pensa che possa fare da ponte fra le energie terrene e quelle celesti e per questo abbia una forte associazione con il divino.

I sette punti neri sul suo dorso rappresentano la perfezione del cosmo, infatti si credeva che il cosmo fosse composto da sette pianeti.

Mentre ero intenta ad ammirare la coccinella rimasi affascinata da un canto particolarmente dolce e melodioso con un gorgheggio di pure note flautate che proveniva dalla pianta d'ulivo. Era il canto di un *Merlo* dal piumaggio di un colore nero lucidissimo e con uno stupendo becco giallo.

Il merlo è un animale onnivoro ed è monogamo per tutta la vita, vive in coppie isolate, comincia a cantare verso la fine di febbraio, periodo in cui i merli sono nello stato di innamoramento.

Questo uccello controlla con attenzione il proprio territorio e se altri della stessa specie osano avvicinarsi vengono cacciati. Il merlo è un uccello facilmente addomesticabile e può vivere fino a vent'anni.

Nell'usanza popolare simboleggiava la risurrezione perché il suo canto a fine inverno annunciava la primavera.

Si dice che il merlo possieda i segreti della magia e che sia una guida perfetta per chi vuole iniziare un percorso alla scoperta del paranormale.

Nella simbologia il merlo raffigura un uccello messaggero spirituale, invita ad ascoltare il richiamo interiore e a iniziare una vita guidata dal cuore. È simbolo della comunicazione e delle parole gentili e sincere, concretezza del fare, comprensione delle energie di Madre Natura, chiamata interiore.

Nella tradizione celtica il merlo era associato alla dea Rhiannon ed era considerato una creatura con qualità magiche.

Questo uccello ha ispirato grandi scrittoti come Italo Calvino e lo troviamo protagonista in leggende di vario tipo.

Il merlo è un animale di potere ed era visto come il guardiano della saggezza ancestrale.

L'*Ulivo* è uno degli alberi più longevi, rimane attivo anche per alcuni secoli. È una pianta arborea dalla chioma sempreverde ed è caratterizzata da un fogliame dal doppio colore, i fiori sono piccoli e bianchi, riuniti in pannocchiette. Fin dall'antichità era largamente coltivato per i suoi frutti, le olive, i quali ci offrono uno dei prodotti più saporiti e nutrienti della nostra mensa: l'olio.

È una pianta umile e generosa, può vivere anche di poco, l'unica cosa indispensabile per la sua vita è che il clima non sia mai troppo freddo.

La Patria d'origine dell'ulivo è l'Asia Minore, dove tuttora esistono vaste foreste di ulivo selvatico spontaneo.

Tutti i popoli che si sono trovati in zone ove l'ulivo prospera hanno attribuito a questa pianta le qualità più preziose e l'hanno anche usata come simbolo di pace.

È ritenuta una pianta sacra, come sacro è il succo dei suoi frutti, il prezioso olio, che rappresenta l'abbondanza.

Gli antichi popoli avevano per questo albero una grande venerazione, per loro l'ulivo era capace di assorbire e "dosare" l'energia del Sole per resistere alle avversità dell'ambiente e vivere per molti secoli, superando spesso i mille anni di età.

Nell'antica Grecia l'ulivo era sotto la protezione di Atena, dea della saggezza. I suoi rami si usavano per coronare i vincitori delle Olimpiadi, nell'antica Roma adoperavano i rami nei riti di purificazione.

Nell'Antico Testamento rappresenta il giusto, il popolo eletto, la sapienza, il simbolo di pace, mentre nel Nuovo Testamento è associato a Gesù.

Nella religione cristiana, l'ulivo ha un elevato valore simbolico, ancora oggi è un segno di fede e fratellanza.

Simbolo della Pasqua, nella Liturgia della domenica delle Palme, un ramoscello di ulivo benedetto viene distribuito come simbolo di rigenerazione e di pace.

La simbologia dell'ulivo non è legata solo alla tradizione cristiana, ma comprende differenti filosofie e culti religiosi.

In tutte le tradizioni questo albero è ritenuto una pianta di luce e di sapienza. Tra le popolazioni del Medio Oriente e nel Mediterraneo è tuttora simbolo di resistenza e guarigione.

L'ulivo sarà in eterno un simbolo di speranza, di saggezza, forza vitale, e anche strumento di riconciliazione e di pace per tutta l'umanità.

La sua storia, intersecata da sempre con la vita dell'uomo, non si è mai trasformata nel tempo.

L'ulivo è il divino "Albero della vita".

In una luminosa giornata d'aprile ebbi l'opportunità di ammirare un *Pavone* in tutto il suo splendore.

Era nei pressi di una fattoria, metteva in mostra la coda sollevando il piumaggio in una sorta di ventaglio noto come "ruota del pavone"; le sue forme e i colori erano uno splendore. La scena creò un'atmosfera magica.

Il pavone è il simbolo della resurrezione e della vita eterna, rappresenta bellezza, longevità, regalità. Secondo la tradizione antica il pavone evoca il cielo e le stelle, in quanto si credeva che l'animale dopo la morte non si deteriorasse. Anche Agostino di Ippona parlava del pavone in questo senso.

Il pavone che sta a ciascun lato dell'albero della vita simboleggia la dualità e la natura duale dell'uomo.

Rappresenta anche la ruota solare, per questo è considerato un simbolo di immortalità.

L'occhio sulla coda del pavone è associato all'Occhio del Cuore, gli occhi della cangiante coda rappresentano l'Onniscienza di Dio.

Non appena sollevai lo sguardo da questa meravigliosa creatura, notai uno spazio di terreno erboso circondato da alcuni alberi da frutto. Tra questi una bella pianta di *ciliegio* dalla folta chioma e dal fusto alto, diritto e slanciato. La sua fioritura inaugurava trionfalmente la bella stagione. Provai un senso di vitalità e di vivacità.

Si racconta che questa pianta fosse stata portata in Italia da Lucullo, generale romano, famoso per la sfarzosità dei suoi banchetti, che la scoprì a Cerasonte, città dell'Asia Minore e la trapiantò nei suoi giardini circa sessantacinque anni prima di Cristo.

Il significato del ciliegio è anche contraddittorio, simboleggia vita e morte, bellezza e violenza. I suoi fiori avendo una breve durata ci ricordano che la vita è effimera. In Giappone la contemplazione della fioritura del ciliegio, detta "Hanami", indica spiritualità e meditazione.

Sotto l'albero di ciliegio vidi un animale non tanto grande con un mantello di colore marrone-biscotto, era una *Capretta* che brucava l'erba. Mentre la stavo osservando alzò la testa e lentamente si avvicinò, io ero molto titubante, non sapevo se restare ferma o indietreggiare. Presi coraggio e allungai una mano per accarezzarla, era molto socievole e gradiva la mia presenza.

La capra addomesticata è un animale agile, intelligente, irrequieto, indipendente, con un carattere vivace, curioso e battagliero. L'addomesticamento della capra pare abbia avuto inizio all'epoca delle palafitte.

Simbolicamente la capra rappresenta straripante vitalità, energia creativa, abbondanza, spiritualità del bosco.

In questo spazio verde si trovava un grande abbeveratoio colmo di acqua limpida e fresca, ricoperto da uno spettacolare pergolato incoronato da un vigoroso rampicante di *Glicine* che riempiva l'aria di una fragranza dolce e inebriante, lasciando pendere dall'alto i suoi fiori a grappoli dalle bizzarre forme che sembravano inchinarsi in segno di rispetto e devozione verso un *Asinello* che si stava dissetando.

In Oriente il glicine rappresenta l'amicizia, la disponibilità e la riconoscenza, in Giappone era presente in molti stemmi nobiliari, come emblema di una coscienza umana superiore.

Regalare una pianta di glicine è una dimostrazione di amicizia.

La storia dell'asinello risale ai primordi dell'umanità ed esso è stato accolto in molte religioni. La sua figura è molto usata nei dipinti di tutte le epoche.

Le usanze popolari attribuiscono all'asinello aggettivi che non gli appartengono e che tendono a denigrare ingiustamente poiché l'asino è un animale intelligente e socievole.

Mentre ero seduta su una panca sotto il pergolato notai che l'asinello sa riconoscere il suo padrone. Quando questi gli si avvicinò, l'animale espresse la sua gioia con esplosioni di ragli. Mi fermai a parlare con il contadino, il quale mi disse che l'asinello ha un carattere docile e paziente, l'unico suo difetto è la cocciutaggine che lo rende talvolta, ma assai raramente, disubbidiente.

Attorno a questo abbeveratoio venivano coltivate varie profumate piante aromatiche, tra queste la salvia, la menta, il rosmarino, il basilico, il timo.

La *Salvia*, il cui nome indica la virtù che ha di sanare molte infermità, ha utilizzi così estesi che si coltiva in tutti gli orti e giardini. Gli antichi la chiamavano "erba santa" e sostenevano che proteggesse la vita. I Romani attribuivano alla salvia molte virtù curative, perciò era ritenuta la pianta della salvezza e della salute.

Si dice che le sue foglie profumate tenute sul comodino agiscano durante la notte sui nostri centri cerebrali della rinascita.

Questa pianta è associata alle proprietà magiche. I fumi delle foglie secche di salvia bruciate si impiegano in certi riti di purificazione dell'anima. Il suo fumo serve anche per liberare dalle negatività spirituali sia gli ambienti sia i loro abitanti.

Il nome della *Menta* deriva dalla parola «mentis», che significa mente e a essa dona chiarezza, fornendo la concentrazione e la memoria.

In Francia si racconta che un mazzo di menta dia protezione contro gli spiriti maligni e gli stregoni.

Questa pianta è benefica e altamente curativa, ha proprietà «magiche». Nell'antichità simboleggiava virtù e saggezza.

Il *Rosmarino* è notissimo. Tutte le parti di questa pianta, ma soprattutto le foglie, esalano un odore forte, fragrante, balsamico. Per le sue proprietà incontrastabili si adopera in molte circostanze. Il rosmarino è anche una pianta mellifera di prim'ordine, il suo profumo attrae fortemente le api e se ne ricava un ottimo miele.

Il suo odore resistente è equiparato al ricordo, alla costanza, alla devozione, alla memoria.

Nel Medioevo a questa pianta erano attribuite diverse doti, alcune addirittura magiche. Si racconta che un ramoscello di rosmarino riposto sotto il cuscino attiri sogni fantastici, allontanando gli incubi.

Nel linguaggio dei fiori significa "sono felice di vederti".

Il *Basilico* rappresenta il re della rinascita, il suo nome significa "sovrano", perché questa pianta mistica di maggio sembra avere molti poteri terapeutici.

Nell'antichità si attribuivano a questa pianta poteri magici, caratteristiche esoteriche, benefiche, dalle molteplici proprietà positive.

Gli alchimisti consideravano il basilico una delle piante sacre del Paradiso. Si supponeva che con il suo potere magico fosse in grado di restituire agli esseri umani la felicità perduta dopo l'espulsione dall'Eden.

Il *Timo* è un piccolo arbusto aromatico, ha foglioline a forma di losanga, i fiori rosei sono simili a spighe, è una pianta molto ricca d'olio essenziale, coltivata per condimento e per l'estrazione dell'essenza dalle sommità fiorite. Viene usata in profumeria e in medicina per le sue proprietà curative. È anche un'ottima pianta mellifera, ma la produzione del miele è limitata.

Nei tempi antichi il timo assunse un fortissimo valore simbolico, lo si usava per scacciare dalle case e dai templi le vibrazioni negative. Nel Medioevo fu identificato come simbolo di coraggio e forza.

I soldati romani prima della partenza in battaglia si facevano il bagno nell'acqua intrisa di timo, con la convinzione che desse coraggio e vigore.

Il timo è ritenuto una pianta positiva.

Nell'ammirare questo spettacolo mi capitò di perdere la nozione del tempo, fu il rintocco di un campanile a ricordarmi che era giunta l'ora di avviarmi verso casa.

Era l'inizio di maggio quando decisi di andare a visitare un borgo dove avevano allestito un vasto e bellissimo giardino in cui risplendevano magnifici fiori di *Peonia* arborea dalle innumerevoli varietà di colore. Un posto unico tra fiori, colori, profumi, dove era facile perdersi nel suo splendore.

Fra i tanti fiori di peonia, quello che mi ha affascinato è stato il fiore di colore porpora scuro, dal profumo delicato, con un portamento eretto e vigoroso e un elegante fogliame verde scuro. I suoi petali morbidi, vellutati, compatti, sono illuminati talvolta da accesi stami giallo oro, capaci di emozionare e sedurre.

La peonia è originaria della Cina; portata in Europa verso la fine dell'Ottocento, l'avevano descritta come una grande "rosa senza spine", e ha mantenuto inalterato il fascino esotico dei fiori venuti dall'Oriente.

Nell'antica Cina la peonia era privilegio esclusivo della famiglia imperiale e dei mandarini, protetta dagli stessi e adorata come una vera e propria divinità. Era ritenuta così preziosa da essere portata come dote in alcuni importanti matrimoni. Si credeva che nessun insetto toccasse il fiore di peonia, ad eccezione delle api.

La peonia entrò nei giardini europei e, con il suo aspetto sensuale ed esotico, divenne tra i fiori più amati e rappresentativi; non mancava mai nei giardini e nei grandi parchi dell'epoca vittoriana.

Nella simbologia cinese rappresenta il mese di marzo e la primavera, ma anche la giovinezza, la felicità, la fortuna e la buona sorte. Ancora oggi la peonia è sempre presente in Cina, nelle feste e nel Capodanno, anche solo sotto forma di fiori di carta velina.

Per gli europei simboleggia prosperità, affetto, amore, nobiltà d'animo e, in piena fioritura, la pace.

È un fiore magico dal profumo avvolgente, "il fiore dai mille petali", nel linguaggio dei fiori rappresenta il rispetto e l'eleganza, è sinonimo di stima ed è un augurio di lunga vita.

Una mattina di maggio con l'apparire del sole sorgeva in me la voglia di scoprire da vicino la natura che s'impone con clamore in un'esplosione di luci e di colori.

Ed eccomi a percorrere un sentiero che mi portò in una valle con prati bagnati da fossatelli separati da arbusti di biancospino e da piante di artemisia.

Il *Biancospino* è un arbusto per lo più spinoso che prospera nei boschi e nelle zone incolte, ha tantissimi fiorellini bianchi decorativi, i suoi frutti sono di solito rossi con uno o due noccioli.

Questa notissima pianta è nota per i suoi effetti calmanti e come rimedio per curare in modo naturale. L'azione terapeutica è stata studiata a fine Ottocento da alcuni medici americani. È ritenuta la pianta del cuore per eccellenza.

In alcune leggende lo troviamo a guardia e a protezione delle vecchie case e anche a guardia dei passaggi, come l'albero iniziatore e propiziatore della chiarezza di spirito e di cuore.

Nell'antichità si credeva che proteggesse dalla stregoneria. Spiriti e maghi s'incontravano sotto gli arbusti di biancospino. Per i Greci e i Romani era ritenuto il sacro fiore nuziale.

Nella simbologia è da sempre sinonimo di prosperità e vita serena. È una pianta che evoca purezza, protezione, amore, forza, felicità.

Il biancospino non è solo una pianta, è un vero e proprio amuleto, il suo fiore fatato tiene lontano i malefici.

L'*Artemisia* ha una fresca fragranza quasi di cedro, un fogliame grigio-verde molto attraente, a primavera si ricopre di fiorellini profumati di colore giallo oro.

Questa pianta che prospera nei luoghi incolti era sacra alla dea Artemide ed è ritenuta una delle piante rituali più antiche dell'umanità; nota già ai tempi dei faraoni, più di quattromila anni fa era efficace per mettere in fuga i serpenti.

Pianta magica per eccellenza, la sua magia può allontanare tutto ciò che è male: spiriti maligni, malocchio, energie negative e altre avversità.

Nelle tradizioni di stregoneria è stata a lungo usata e i suoi fumi inalati avrebbero favorito sogni, visioni e illuminazioni mistiche.

Si racconta che i vecchi contadini la conservassero in casa per allontanare gli influssi negativi dell'ambiente e la portassero con sé durante gli spostamenti per proteggersi dai brutti incontri.

Nella tradizione l'artemisia rappresentava protezione e guarigione, il suo fiore simboleggia mistero, incanto, purezza.

Durante questa camminata rimasi colpita e affascinata da un arbusto di *Ibisco,* che se ne stava solo vicino al margine di un fosso, trionfante nella sua ostentata vitalità, mi ricordò la pittura di Andy Warhol ispirata ai fiori di ibisco.

L'ibisco è un fiore noto fin dall'antichità, ne parla Virgilio nelle Egloghe, il nome deriva probabilmente da Ibis, un uccello che si riteneva si nutrisse dei suoi germogli.

Ha un portamento arbustivo con grandi fiori campanulati, composti da cinque petali decorativi e vistosi, la sua fioritura dura un giorno, ma essendo una pianta molto fioriera è sempre ricoperta di fiori, che possono variare dal bianco al giallo e dal rosa al rosso.

L'ibisco da noi è coltivato soltanto per ornamento, mentre in Asia ha importanza alimentare, i fiori si usano per marmellate, budini, infusi, come il tè karkadè ed è anche coltivato per ricavare fibre vegetali simili alla juta.

Questo fiore ha un valore simbolico profondo risalente a secoli fa; è considerato l'emblema di eleganza, amore, per la sua fioritura che dura solo un giorno rappresenta anche frugalità e bellezza fugace.

In Europa è sinonimo di "bellezza delicata". Nel Nord America è devozione della "sposa perfetta". È anche l'emblema della Malesia chiamato "fiore delle celebrazioni".

In molte culture l'ibisco simboleggia femminilità, bellezza, gioia e passione.

Inoltre l'ibisco ha un contenuto spirituale, nella cultura hawaiana è simbolo di vecchiaia e saggezza, le donne portano sempre un fiore di ibisco dietro l'orecchio per mostrare il loro stato civile.

La simbologia può variare secondo il colore del fiore.

Poco più in là una distesa di piante di *Girasole* con grandi infiorescenza a forma di disco così splendenti che rimasi affascinata dalla
loro bellezza. Il fiore di questa pianta ha un aspetto gioioso, portatore di luce e di allegria.

Il girasole arrivò in Europa alla fine del XVI secolo come pianta
ornamentale, in seguito fu usato come alimento. I suoi frutti sono
ricchi di grassi e si utilizzano come cibo per gli animali, ma soprattutto per l'estrazione di un olio che contiene una preziosa fonte di mine-
rali benefici all'uomo.

Il girasole, poiché segue servilmente il sole cambiando costante-
mente posizione, è simbolo di adorazione, infatuazione, devozione. Infatti, durante il giorno la sua corolla segue il movimento del

sole per raccogliere il massimo dei raggi solari, per poi tornare di notte alla posizione di partenza.

Per questo suo comportamento gli Indios consideravano il girasole una pianta sacra e un po' magica, mentre nel simbolismo cinese rappresentava longevità e poteri magici.
Nel linguaggio dei fiori ha un significato benaugurante, regalare i fiori di girasole a un ammalato è auspicare una pronta guarigione, per i neonati è un augurio di una vita illuminata, di gioia e ricchezza.

Il girasole data la sua affinità con il sole, fa sì che questa pianta sia posta come emblema di solarità, vitalità, energia e amore.

Una giornata di giugno che sembrava già estate inoltrata, camminando lungo la riva di un fiume, rimasi abbagliata dalla bellezza dei sassi nella loro varietà di forme e colori, mentre l'acqua componeva un gioco armonioso nell'intrecciarsi tra le pietre.

Vidi posato su di un masso un *Airone cenerino*, immobile, che puntava l'acqua che scorreva lentamente, d'un tratto con il suo becco appuntito afferrò un pesce e lo inghiottì in un solo colpo, poi col suo aspetto leggiadro e maestoso si levò in volo e si allontanò.

L'airone cenerino deve il suo nome al colore del piumaggio nella parte superiore del corpo, proprio per la sua colorazione nel Medioevo fu indicato come simbolo di penitenza.

Sia in Occidente che in Oriente l'airone è stato considerato simbolo di sapienza, di vigilanza e di tranquillità, mentre per gli Egizi rappresentava la fertilità, l'abbondanza, e il rinnovamento della vita.

Questo stupendo volatile ha sempre affascinato l'uomo e ispirato le creazioni di artisti e letterati e compare spesso nelle narrazioni mitologiche e nelle favole.

In questa stupenda stagione dell'anno, la natura è tutta una festa di colori, di forme, di suoni. Nei prati intorno al fiume intravidi miriadi di fiori dai molteplici colori che punteggiavano l'erba alta e odorosa, creando una visione di pace e di serenità con l'ondeggiare degli ontani e delle felci della riva.

Il vento scompigliava gli alberi rivestiti da un mantello di fitte foglie d'un verde intenso e li faceva piegare dando loro un misterioso significato di presenze simboliche.

L'albero di *Ontano* è poco longevo, ha la chioma a forma conica, rami sottili e poco vigorosi sui quali spuntano dei frutti che sono delle false pigne legnose di colore verde. Cresce vicino all'acqua e ama stare con le radici nei terreni impregnati. In passato il suo legno si usava per la costruzione di ponti e palafitte.

Nel Medioevo a causa del colore rosso del suo legno e dell'abitudine di crescere vicino ai corsi d'acqua, veniva associato alla stregoneria , poiché nell'antichità i corpi idrici erano considerati passaggi tra il mondo dei vivi e l'oltretomba.

In diverse feste del Sud della Francia dedicavano all'ontano il simbolo dell'arrivo della primavera.

I tre colori naturali dell'albero, il rosso della corteccia, il verde dei frutti e il marrone dei rami, nel passato simboleggiavano il fuoco, l'acqua, la terra. L'ontano è sempre stato considerato un albero magico e misterioso.

La *Felce* ha origini antichissime ed è nota soprattutto per la sua associazione alla notte di San Giovanni. Secondo la tradizione ha la capacità di generare un fiore candido bianco chiamato col nome del santo.

Si racconta che questo fiore abbia la capacità di rendere invisibili chi lo possiede ed elargire poteri occulti, conoscenza e protezione contro il male.

La felce ha innumerevoli proprietà esoteriche, viene nominata nei *grimoires*, antichi trattati di magia nei quali sono esplicitati vari metodi d'uso della pianta.

Questa pianta simboleggia misticismo, saggezza, spiritualità, solitudine. Ha sempre affascinato l'uomo per la sua bellezza, quasi celasse un mondo segreto e magico.

Mentre osservavo il fiume fui sorpresa da una pioggerellina estiva che scrosciava quasi con meravigliosa musicalità nelle acque del fiume.

Dopo il sole fece capolino tra le nuvole che si allontanavano mentre in una parte del cielo ammirai uno degli spettacoli più belli offerti dalla natura.

Era l'arcobaleno, un grande arco che sembrava dipinto attraverso il cielo con vivi e luminosi colori della tavolozza di un pittore. I suoi colori il rosso, il giallo, il verde e il blu sono corrispondenti ai quattro elementi: fuoco, terra, acqua, aria.

Il *Fuoco* è un elemento purificatore, rappresenta il potere generico e vivificante del sole, il rinnovamento della vita, l'energia invisibile dell'esistenza.

Per il Cristianesimo «lingue di fuoco» sono l'avvento dello Spirito Santo, la voce di Dio, la rivelazione divina.

Nell'alchimia il fuoco è l'elemento centrale in quanto unificatore e stabilizzante, «tutto comincia col fuoco e finisce col fuoco» (Ibn Bashrun).

Nell'Induismo il fuoco è identificato con la forza della distruzione, simboleggia l'energia vitale della saggezza, la luce e la conoscenza trascendentale.

Nel buddismo rappresenta la saggezza che brucia ogni ignoranza.

La *Terra* rappresenta la Grande Madre, la genitrice universale, la nutrice, è quindi simbolo di fecondità e rigenerazione ed è associata all'idea di fertilità e germoglio.

La Terra è stata spesso venerata come un elemento simbolico dotato da una propria valenza spirituale.

L'*Acqua* è fonte di vita ed è l'equivalente liquido di luce.

Tutte le acque simboleggiano la Grande Madre e sono associate alla nascita, al principio femminile, al grembo universale.

L'acqua nel Cristianesimo rappresenta la rigenerazione, la purificazione, la santificazione, il ristoro e il Battesimo.

Per il taoista rappresenta il potere di adattarsi e persistere, la fluidità della vita in antitesi con la rigidità della morte.

Le acque, i laghi, le sacre fonti e via dicendo, per il celtico hanno proprietà magiche e sono dimora di essere soprannaturali.

L'acqua e il fuoco sono associati ai due grandi principi: Padre Cielo e la Terra Madre.

L'*Aria* è una forza vitale, è il respiro cosmico, è un simbolo sensibile della vita invisibile, proprietà dello spirito e della purezza, di libertà ed è portatore di creatività.

L'aria rappresenta la natura di estensione e di apertura, è l'energia necessaria del movimento, ed è il costituente per eccellenza della magia.

L'aria come Dio è amore.

Gli antichi Babilonesi, gli Indiani, gli Arabi e i Greci immaginavano l'arcobaleno come un arco celeste della divinità Iris, che poco prima aveva scagliato, irata le sue folgori durante il temporale.

L'*arcobaleno* significa trasfigurazione, gloria celeste, incontro di cielo e terra, il ponte o il confine tra questo mondo e il Paradiso.

Nella Bibbia l'apparizione dell'arcobaleno tra le nubi segue il diluvio universale; diventa un messaggio di speranza.

Ripresi la camminata e alla vista di una magnifica *Quercia* decisi di fermarmi a riposare alcuni minuti sotto la sua ombra, accarezzai il suo tronco, provai una sensazione strabiliante, sembrava toccare un qualunque altro essere vivente.

"Gli alberi sono Santuari. Chi sa parlare con loro, chi sa ascoltarli conosce la verità". (Herman Hesse)

Nessun albero al solo guardarlo da un senso di robustezza come la quercia, alta con rami possenti, foglie coriacee, corteccia aspra e rugosa, il suo seme, detto ghianda, costituisce un ottimo alimento per alcuni animali.

Nel corso della storia, le ghiande si usavano anche dall'uomo come fonte di cibo in tempo di carestia e di guerra; si usavano per cucinare dolci e farne il pane, macinate e tostate producevano un surrogato del caffè.

La ghianda, cadendo sulla Madre Terra, fa nascere un nuovo albero, per questo nell'antichità si pensava che la ghianda avesse poteri fecondativi e afrodisiaci.

La quercia è considerata un albero sacro, rappresentava la divinità in terra. Era spesso associato agli dei del tuono e al tuono stesso, era l'emblema degli dei del cielo e perciò può anche rappresentare il fulmine e il fuoco. È l'albero cosmico per eccellenza, simbolo di forza, comando, coraggio e protezione.

Per i popoli antichi la quercia simboleggiava il mondo mediatore tra la forza vitale della terra e le altezze del cielo.

Nella mitologia greco-romana si racconta che la quercia fosse l'albero sacro a Giove o Zeus. Nell'antico oracolo greco situato a Dodona, un'antica città nell'Epiro, la statua di Zeus era incoronata da rami di quercia con ghiande, mentre nell'antica Roma sul colle di Campidoglio, fu costruito un tempio consacrato a Giove, vicino a una quercia sacra, venerata dai pastori.

Nell'antica Grecia questa pianta simboleggiava saggezza e conoscenza, gli antichi Romani vedevano nell'albero il simbolo di ospitalità.

La quercia fu considerata un'eccellente difesa contro le streghe. I boschi di querce erano luoghi di adorazione nei riti germanici.

In molte leggende celtiche, la quercia rappresenta spesso il legame tra il mondo umano e il regno spirituale.

Gli alberi in generale e la quercia in particolare esprimono il massimo grado di perfezione vegetale, la piena manifestazione della potenza solare.

In una giornata di sole splendente mi trovai a percorrere una leggera salita che portava a un parco in una zona collinare. Entrai camminando nel grande parco, ombra e luce si alternavano fra morbidi tappeti erbosi e chiome di platani, carpini e tigli.

Il *Platano* è stato introdotto in Europa nell'antichità e oggi è diffuso in tutto il mondo. È un albero maestoso, con grossi rami, foglie caduche a forma palmata, con chioma da rotonda a espansa, il frutto è una palla ed è molto apprezzato dagli uccelli. È una pianta che si distingue per la sua eleganza, la sua bellezza e per la sua utilità, che la rendono preziosa per l'ambiente e per l'uomo.

In Grecia sembra che esista un albero di platano che ha l'età di oltre cinquecento anni e pare anche che sia l'esemplare più grande d'Europa.

Il platano in tutto l'Oriente era considerato sacro, i Greci lo dedicavano a Giove.

Una leggenda racconta che il platano fu l'albero scelto da Giunone e Giove per festeggiare il loro matrimonio. Si narra anche che Anita Garibaldi si fosse riposata all'ombra di quest'albero pochi giorni prima di morire.

Nella simbologia il platano rappresenta per il cristiano l'amore di Cristo che abbraccia tutti, la carità, la morale e la superiorità.

Questo albero è anche simbolo di utilità, stabilità, forza, bellezza, maestosità.

Il *Carpino* è una pianta somigliante al faggio, ma le sue foglie hanno una superficie più irregolare. È un albero elegante dal fogliame ornamentale, ha un portamento diritto con rami che formano una folta chioma allungata; è un albero dalla corteccia è sottile e liscia, robusto, rustico, resistente, dotato di grande adattabilità, vive poco più di un secolo.

Come pianta officinale si usa per la preparazione di infusi, decotti e anche come materia prima per l'industria farmaceutica.

Pare che il suo legno fosse usato per la costruzione dei gioghi per i bovini da tiro. Oggi con il suo legno si realizzano oggetti di piccole dimensioni quali birilli, scacchi e strumenti musicali. Viene impiegato anche nella meccanica dei pianoforti e per la produzione di bacchette da percussione. Il suo legno è apprezzato a scopo energetico per l'elevato potere calorico.

In molte culture nel mondo il carpino aveva un forte significato simbolico, rappresentava conoscenza, vita, vitalità, freschezza.

Il *Tiglio* è un albero imponente, di notevoli dimensioni, con un tronco robusto e una larga chioma ramosa; i fiori ermafroditi hanno un intenso profumo mielato, tanto che sono bottinati dalle api; se ne ricava un ottimo miele. I fiori si usano anche per infusi e tisane.

Nell'antichità questo albero veniva interrato nei giardini vicino alle case perché si credeva che potesse allontanare il malocchio.

Per i Celti e i Germani il tiglio era importante perché all'interno della corteccia forniva la fibra con cui essi tessevano gli abiti.

Nei tempi antichi molti popoli europei lo ritenevano un albero sacro, in particolare gli Slavi credevano che il tiglio suscitasse un senso di giustizia e misericordia.

Questo albero può vivere fino a mille anni, per questa possibilità di arrivare a età veneranda è ritenuto un simbolo di longevità. È un albero pregno di simbologia profonda, che si espande attraverso epoche e culture. È spesso collegato alla guarigione e alla protezione dalle malattie. Le sue foglie a forma di cuore raffigurano l'amore e la solidarietà.

Il tiglio è ritenuto l'albero della calma e della dolcezza, è un simbolo di armonia, vitalità, prosperità, accoglienza, spiritualità e misticismo, si riteneva che potesse collegare l'aldilà e svelare visioni profetiche. Nelle usanze nordiche e non solo, era apprezzato come un albero in grado di prevedere il futuro.

Quest'albero è l'emblema germanico di città e villaggi.

Attraversando il parco arrivai a un maniero costruito intorno alla metà dell'Ottocento. Il castello si trovava in un contesto di ineguagliabile bellezza naturale, osservandolo immaginai i vari personaggi che lo abitavano in quel tempo.

Le dame e i paggi che durante il pomeriggio si trattenevano in giardino a giocare a scacchi, a leggere poemi eroici o a comporre canzoni con viola, mentre alcune dame all'ombra delle fronde degli alberi ricamavano a tamburello.

Vicino al castello era situata una vasca d'acqua dove sbocciavano delle ninfee con al centro una fontana dove si ergeva una statua che rappresentava una Venere, intorno alla vasca arbusti di altea e piante di verbena.

L'*Altea* ha un portamento eretto con fusto ricoperto di morbidi peli, il colore dei suoi fiori varia dal bianco al rosa, le foglie sono di forma ovale.

Il suo nome ha un'antica storia e si può rilevare in molte culture in tutto il mondo. In Grecia si riferisce al personaggio mitologico Altea.

È una pianta molto conosciuta e usata fin dai tempi antichi, in campo medicinale si è sempre fatto uso delle radici e delle foglie, infatti il nome deriva dal greco *althain*, che significa curare.

L'altea è anche chiamata l'amica del povero, poiché grazie alle sue qualità medicinali consentiva di curarsi senza dover affrontare cure mediche costose.

Per la sua natura di pianta selvatica era spesso impiegata nella raffinata pittura cinese e nei quadri di Claude Monet. I suoi fiori sono apparsi nella letteratura e nell'arte come simbolo di bellezza, grazia ed eleganza.

La *Verbena* è una pianta erbacea con foglie scabre e fiori di diverso colore, ha una prolungata e abbondante fioritura che va da maggio ad autunno inoltrato, attrae facilmente farfalle e insetti pronubi (che provvedono all'impollinazione). È una pianta aromatica, elegante e slanciata, anticamente godeva di una grande rinomanza per le sue proprietà medicinali che le si attribuiscono.

La verbena nell'antichità era ben nota, la sua storia è ricca di aneddoti e leggende.

Ai tempi dei Romani questa pianta era sacra a Marte e a Venere dea dell'amore. I Romani la utilizzavano come messaggero di pace e attribuivano alla verbena il potere di riaccendere l'amore sopito e la chiamavano *Herba Veneris*.

I druidi la veneravano per le sue virtù magiche, anche i Celti la consideravano una pianta magica che proteggeva dagli incantesimi.

Nel Medioevo la verbena era la pianta usata come strumento da streghe e fattucchiere per il compimento di riti magici e segreti.

La verbena è un fiore associato al significato di pace, prosperità, purezza d'animo e di intenti.

È l'erba che facilita la lucidità mentale, la chiarezza nei sogni, il passaggio nel mondo spirituale.

Scorci del parco erano tappezzati da piante di azalea e violette selvatiche.

L'*Azalea* è un arbusto con fiori dai colori vivaci di varie tonalità dal rosso e dal rosa. La delicatezza e la bellezza dei fiori rappresentano l'amore, la gratitudine e l'apprezzamento nei confronti delle madri. È un simbolo esemplare per la festa della mamma.

Secondo la cultura e il colore, il simbolo di questo fiore assume un diverso significato. In generale l'azalea è associata alla bellezza, alla tenerezza, all'amore, alla grazia femminile, alla temperanza ed è di buon auspicio.

Questa pianta è collegata alle profonde radici della saggezza e della spiritualità, la sua vitalità è dolce e delicata.

Nella storia l'azalea è una pianta ricca di magia e di leggenda.

La *Violetta selvatica* è un fiore delicatissimo dalle tonalità blu e viola, con i fiori di questa amabile pianticella il cui sapore è dolcissimo, si fanno delle tisane, dei decotti, si adoperano in profumeria, in liquoreria e son anche commestibili.

Nel linguaggio dei fiori indica timidezza, modestia, pudore e profondità di sentimenti.

Regalare un mazzo di violette selvatiche a una persona anziana significa «nonostante l'età sei sempre giovane per me».

Questo fiore è fonte d'ispirazione per tanti artisti, ha ispirato i quadri di Edouard Monet.

All'interno del parco si trovavano i resti di una cappella ombreggiata da un grande albero di noce.

Il *Noce* è un maestoso albero con grande chioma a forma sferica ed è una caratteristica pianta ornamentale.

Le foglie come pure le radici hanno proprietà curative. Il frutto del noce è per l'alimentazione umana una preziosa risorsa. L'olio che si ricava dall'estratto dei semi è usato in farmacia, dal mallo si estrae un olio usato dai pittori; si fa con esso un buon inchiostro.

Il pregiato legno di noce si impiega per un'infinità di oggetti d'uso e d'arte.

Quest'albero imponente, dalle caratteristiche magiche, è sempre solitario, attorno a lui non crescono altre piante perché le sostanze che produce possono impedire lo sviluppo di altri arbusti, così riesce a ottenere più ossigeno e migliore illuminazione. È considerato un albero egoista, perché alla sua base non cresce nulla, né germogli né erbe.

Alcuni detti popolari affermavano che sotto gli alberi di noce si riunissero a conversare o a dormire le streghe.

Il noce è simbolo di sacralità e del legame con le divinità.

Il suo frutto, la noce, rappresenta simbolicamente la saggezza nascosta, e anche della longevità e della fertilità, perciò le noci venivano servite ai matrimoni greci e romani. In molte favole e leggende le noci sono contenitori che racchiudono tesori.

All'albero di noce si attribuiscono valenze positive e anche negative.

All'alba di una bella mattina d'estate, percorrendo un sentiero nel bosco, mentre i primi raggi del sole accarezzavano le cime più alte degli alberi, udii l'armonioso e musicale canto inconfondibile dell'usignolo. Un attimo dopo si levò nell'aria un altro gorgheggio: era il canto di una cinciallegra.

L'*Usignolo* è tra gli uccelli europei il migliore cantore, che affascina da sempre con la sua dolce melodia il genere umano.

Questo uccello in primavera è solito cantare dal tramonto all'alba, mentre in primavera inoltrata, il suo canto riecheggia nell'aria anche durante il giorno e le sue dolci note trasmettono armonia.

Per la dolcezza melodiosa del suo canto era l'animale preferito dai poeti romantici come Francesco Petrarca nel compimento il "Canzoniere", e William Shakespeare nei versi del dramma *Romeo e Giulietta*.

Per il suo canto notturno è considerato simbolo degli innamorati, rappresenta anche la primavera, la bellezza, l'amore, ed è anche sinonimo di allegria. Nell'antichità era simbolo dell'ispirazione poetica.

Nella tradizione cristiana, come in quella persiana, l'usignolo rappresenta l'ammirazione del divino in tutto quello che è ritenuto bellezza pura, perfezione che riempie il cuore d'amore.

L'usignolo migra nel Nord Africa e nell'Asia Occidentale, e ogni anno percorre migliaia di chilometri per spostarsi e tornare in Italia all'inizio della primavera.

Mentre stavo ascoltando questo melodioso concerto, mi voltai colta da un rumore, vidi un picchio aggrappato a un albero con le dita unghiute e appoggiato con la coda, mentre col becco martellava la scorza del tronco per mettere allo scoperto gli insetti per cibarsi. Questo uccello è molto diffuso nei boschi.

Ma ecco all'improvviso un simpaticissimo esemplare di *Scoiattolo* che squittiva, sorpreso in un caratteristico atteggiamento, mentre assaporava la polpa di una nocciola, dopo averne abbandonato a terra il guscio.

Questo animaletto corto, con testa tonda, grandi occhi tondi lucenti e neri, un folto pelo bruno-rossiccio, con una gran coda, si arrampicava con velocità incredibile sugli alberi, passava da un albero all'altro spiccando salti senza toccare terra. Attirato dalla mia presenza, d'un tratto si arrestò indeciso se fuggir via di soppiatto o inalberare la sua coda perché irritato dalla mia persona.

Lo scoiattolo è comunissimo nei boschi, vive quasi esclusiva-
mente sugli alberi e fa la tana nella cavità dei tronchi. Si nutre di
noci, ghiande, semi, frutta, germogli.

Questo animale ama stare in gruppo e comunicare con i suoi simili, durante l'inverno non dorme continuamente, di giorno esce
per prelevare un po' di cibo che durante l'estate aveva accumulato
nella cavità dei tronchi.

Lo scoiattolo simboleggia fiducia, curiosità, energia, prudenza,
indipendenza, equilibrio, il gioco.

Per lo scoiattolo e altri animali il bosco è l'*habitat*, cioè l'ambiente in cui si svolge interamente la loro vita.

Il bosco oltre che nutrimento per gli animali offre anche mille nascondigli a tante creature che vivrebbero ben poco se non trovassero il modo di nascondersi e celarsi tra la folta vegetazione al momento opportuno.

Continuando la passeggiata mi ritornò in mente quando ero bambina che provavo paura a camminare attraverso il bosco, poiché si raccontavano bizzarre fiabe, leggende riguardanti la vita delle strane creature che abitavano il bosco; fate, ninfe, gnomi, folletti, spiriti benefici e maligni. Mentre oggi non mi appare più così pauroso, bensì reso vivo da numerosi e svariati stimoli, non solo visivi ma anche olfattivi e auditivi, macchie di colore, fruscii d'erba, gorgogli di uccelli, come vita intensa e fruttuosa della natura.

Osservai il bosco e pensai che questo patrimonio rappresenta una fonte di ricchezza ed è alleato nelle difese della natura. Pertanto va rispettato perché una terra senza piante è il deserto e nel deserto non c'è possibilità di vita per l'uomo.

Sulle rive del ruscello che scorreva ai margini del bosco, un piccolo animale stava immobile attento a guardare, poi si mosse rapidamente dando una zampata nell'acqua e scappò via con un pesce appena pescato.

Lì per lì non conobbi l'animale, ma poi mentre si allontanava capii che era una *Volpe*.

Questo animale molto astuto, veloce e solitario, il più temuto dagli altri abitanti del bosco, è spesso odiato dai contadini, perché per la maggior parte d'inverno, quando le prede sono scarse, entra nei pollai e uccide tutti i volatili che trova, anche se poi ne mangia solo uno.

La volpe vive in qualunque ambiente ricco di vegetazione, ma per lo più si trova nelle zone boschive ricche di animale di piccola taglia.

Questo animale malgrado l'aggressività è sempre uno delle più belle specie ed è anche addomesticabile.

La volpe rappresenta la longevità e la trasformazione, il suo simbolo è l'intuizione, l'astuzia, l'abilità.

I Celti la invocavano come guida per accedere al mondo degli spiriti. Nella mitologia giapponese è considerata lo spirito della pioggia e messaggero di Inari, dio del riso, ed è portatrice sia del bene che del male.

Stremata dalla calura estiva mi concedetti dopo cena una tregua, mi sedetti in giardino ad assaporare la frescura e la quiete di un'ordinaria notte in campagna, sotto il cielo stellato, cullata dall'intermittente canto dei grilli, vidi delle lucine che si muovevano tra l'erba, erano le *Lucciole* che, con la loro bioluminescenza giallo-verde proveniente dal loro addome, risplendevano come se fossero minuscole lampadine trasparenti, creando un'autentica meraviglia della natura.

Durante il giorno la lucciola è un piccolo insignificante insetto, mentre nella notte diventa un faro di speranza, infatti è associato a "ciò che illumina l'invisibile".

La lucciola rappresenta la perseveranza, l'operosità, la bellezza, la creatività, l'intuizione.

Mentre stavo rientrando da una passeggiata vidi un casolare abbandonato, là intorno si stendeva un grande giardino con diverse specie vegetali.

A un primo sguardo ammirai degli arbusti in fiore, si trattava del comune "fior d'angelo", con fiori candidi come la neve, con un profumo delicato ma penetrante.

Questi arbusti erano circondati da ciuffi di *Margherite*, un fiore dall'aspetto gentile, con petali bianchi e con il centro giallo che fa pensare al sole, formato da un insieme di numerosissimi fiorellini tubolosi. Quando i fiori sono avvizziti vengono dispersi dal vento, infatti sul finire dell'estate mi capitò spesso di vedere aleggiare nell'aria, sui prati, minutissimi tubolini leggeri per poi cadere a terra, da essi poi nascerà una nuova pianticella. Se questo fiore scomparisse i prati perderebbero molto del loro splendore.

Questo fiore rappresenta l'innocenza, la purezza e la nobiltà d'animo.

Accanto al muro del casolare diversi fiori di *Iris,* un bellissimo fiore viola, composto da tre petali superiori sfumati di giallo-bianco alla base, con venature marroni, rivolti verso l'alto, e da tre petali più stretti rivolti verso il basso, il numero tre ricorrente è associato alla Trinità.

L'iris è il potere della luce e della speranza, rappresenta la grazia, la bellezza in solitudine e manifesta la spiritualità. Il fiore di colore viola è considerato un simbolo di saggezza, di sapienza, di positività, di comunicazione. In base ai vari colori dell'iris, muta leggermente anche la sua simbologia.

In questo giardino notai anche un albero di *Acacia* con moltissime foglioline e fiori riuniti in capolini, i suoi rami sono spinosi e la sua chioma assume un aspetto ad ombrello. È una pianta mellifera che produce un ottimo miele.

L'acacia è una pianta vigorosa che resiste al freddo, rappresenta l'immortalità. Il suo fiore è simbolo dell'evoluzione dell'anima dall'oscurità alla luce.

Questo albero era sacro agli Egizi e nella loro cultura simboleggiava la trasformazione dall'ignoranza alla conoscenza. Nel Cristianesimo è associato alla vita morale, in Asia orientale era considerato un talismano contro ogni maleficio.

Mi fermai sotto l'albero di acacia all'ombra irregolare dei suoi rami, mentre ammiravo la sua bellezza fui distratta da un fruscio d'erba, mi voltai e con stupore vidi poco lontano da me un simpatico animaletto dal pelo grigiastro. Era un *Coniglietto* selvatico che stava brucando alcune foglie di achillea, un'erbacea rustica con foglie verdi scure e piccolissimi fiori con svariate sfumature di rosa.

Questo animaletto è un roditore, agile, veloce, timido e pauroso, assomiglia moltissimo alla lepre. Vive in ambienti cespugliosi dove costruisce la sua tana scavando sottoterra, vive in gruppi, ma il suo carattere non è proprio mitissimo, litiga volentieri con i suoi simili.

Dato che il coniglio si muove nelle ore dell'alba e del tramonto, lo si mette in relazione con le ore predilette degli spiriti, per questo si ritiene che sia un messaggero dell'aldilà.

Secondo le varie culture, il coniglio è spesso associato alla fertilità, alla rinascita, alla longevità, alla buona fortuna. Nella mitologia celtica, è associato alla dea Eostre, nella simbologia cristiana rappresenta la fertilità intesa come il rinnovarsi della vita e delle stagioni ed è associato anche alla Santa Pasqua.

Questo animale è spesso collegato alla Luna ed è associato alla dea della Luna e alla Madre Terra.

Accanto all'albero di acacia si trovava un albero di *Tasso*, pianta che, oltre ad avere fronde fittissime e delicate, produce frutti rossi, gli arilli, che sembrano bacche e contengono un solo seme molto velenoso, la polpa è invece commestibile e molto amata dagli uccelli.

Infatti, sull'albero di tasso vi erano alcuni uccelli dal piumaggio grigio, nero e bianco, con una coda molto lunga; erano le gazze ladre, che si cibavano di questi frutti.

Quest'albero era considerato sacro e i boschi di tasso erano teatro dei riti religiosi.

Nei tempi antichi buona parte della foresta primigenia europea era stata colonizzata dagli alberi di tasso.

Il tasso è noto anche con il nome di «albero della morte».

La *Gazza ladra* è un uccello affascinante, molto curioso e intelligente, prende il suo nome dal fatto che, attratto dagli oggetti luccicanti, li ruba e poi li nasconde.

Questo uccello costruisce il nido sulle cime degli alberi fra i rami più spessi e compone la coppia per tutta la vita.

È un uccello dalle spiccate capacità comunicative, simboleggia felicità, gioia, curiosità, intelligenza, stabilità, fedeltà e devozione familiare.

In Cina è ritenuto un portafortuna, sotto la dinastia Manciù la gazza era considerata l'"Uccello della Gioia" e rappresentava il dominio imperiale.

Nella mitologia nordica rappresentava la messaggera degli dei; in araldica, per la sua facilità nell'imitare il linguaggio umano, la gazza era simbolo di eloquenza.

Dopo aver ammirato il giardino ripresi il mio percorso di rientro a casa, pensavo a come la natura, nonostante la vegetazione incolta, potesse esprimere un'affascinante e profumata eleganza.

D'un tratto intravidi davanti ai miei occhi una distesa di un campo di *Grano* dove facevano capolino macchie rosso vivo di *Papaveri*.

Questi fiori sono legati al grano. "Dove c'è il grano quasi sempre ci sono i papaveri".

Era sorprendente il contrasto fra la leggerezza dei petali del papavero, che sembravano di carta velina con al centro un bottone di velluto purpureo, e le spighe dorate del grano, che contribuivano ad abbellire il paesaggio.

Il papavero, sacro a tutte le divinità lunari e notturne, è stato un simbolo della resistenza perché cresceva nelle zone di guerra delle Fiandre.

Per il Cristianesimo il papavero rosso intenso raffigura la passione di Cristo, il sonno della morte, della libertà. Questo fiore è un inno alla vittoria e alla vita. I suoi petali aiutano a respingere energie e influenze negative e favoriscono l'energia positiva spirituale.

Nel linguaggio dei fiori simboleggia il sonno e l'oblio.

Pur avendo visto molti papaveri, sono sempre troppo pochi rispetto ai prati che vedevo da ragazza, quelli che attraversavo sentendo il profumo della natura campestre. Mi rattrista vedere che, a causa dell'uso dei pesticidi, questa specie spontanea di fiori sta quasi scomparendo.

Il simbolismo del grano è la fertilità della terra, il seme è il risveglio della vita. Le spighe o fasci di frumento sono attributi di tutte le divinità del grano, soprattutto dei "misteri greci". La spiga del grano con tutti i suoi semi rappresenta i popoli e tutte le cose dell'universo.

In molti passi della Bibbia si fa riferimento al grano e al pane, mentre nel Vangelo il grano non è solo un dono divino e di abbondanza, ma rappresenta un nutrimento per l'anima.

Nei giorni seguenti, un pomeriggio prima di mettermi a scrivere andai a salutare il mio albero preferito, la *Magnolia*, un enorme e possente albero dalla bellezza inconfondibile, con rami che salgono al cielo, con fiori simili a orchidee che emanano un profumo intenso e sorprendente che si propaga a tratti, deliziando l'olfatto all'improvviso, è un fiore pieno d'amore che porta gioia nella vita delle persone.

La magnolia è un albero antico, comparso sulla Terra molti milioni di anni fa; è una pianta "preistorica", si dice che sia così forte da essere sopravvissuta all'era glaciale.

Introdotta in Europa nel 1688, ricevette il nome di magnolia in omaggio a Pierre Magnol, illustre medico e botanico francese.

Quest'albero da quando spunta a quando muore è sempre verdeggiante e le sue radici son ben salde vicino al cuore della terra più di qualunque altra pianta.

La terra non rappresenta solamente la terra come elemento fisico, ma incarna le caratteristiche più terrene dell'essere umano come l'istinto della sopravvivenza dell'organizzazione e della concretezza.

La magnolia per la sua bellezza scenografica è utilizzata per abbellire parchi e giardini.

In Cina credono che, secondo la sua collocazione, questo albero possa assumere un significato diverso. Se piantata nella parte anteriore del giardino porta una vita allegra e ricca di piaceri, mentre se posta sul retro della casa favorisce un solido benessere finanziario.

Questa bellissima e maestosa pianta vanta diverse proprietà terapeutiche. Nella medicina popolare i fiori, i boccioli e la resina della corteccia si usavano in preparazioni officinali, mentre, nella medicina tradizionale cinese, la corteccia è ampiamente usata sotto forma di decotto e tisane.

Nei tempi antichi i petali profumati della magnolia erano utilizzati dalle donne per aggiungerli all'acqua del bagno serale, che serviva a purificare il corpo.

La magnolia è associata alla bellezza femminile, ma anche alla perseveranza, alla dignità e alla forza interiore.

Nel linguaggio dei fiori rappresenta la nobiltà e la bellezza superba, la purezza e il candore.

In numerologia è associata al numero sette, che rappresenta la spiritualità, l'intuizione, l'introspezione ed è simbolo di dignità e perseveranza.

La leggenda vuole che la prima magnolia sia nata sulla tomba di Confucio.

Avrei dovuto rientrare, ma l'atmosfera estiva era allettante, decisi di trattenermi ancora qualche ora a passeggiare lungo la campagna a contemplare e a godere la natura con serenità.

Mi fermai a osservare tutte le sfumature di verde che servono a dare risalto all'ampia tavolozza di colori fornita da alcuni vigorosi rampicanti.

La protagonista assoluta è una spettacolare pianta di *Gelsomino*, dalla bellezza semplice, leggera ed elegante e con un profumo che non si può dimenticare. La fragranza dei suoi fiorellini stellati assume una magia particolare e indimenticabile, che aiuta a rilassare la mente.

Il significato di questo fiorellino è l'amore divino, la purezza dei sentimenti, mentre in Oriente rappresenta l'unione tra l'amore spirituale e quello fisico. È considerato un fiore positivo ed è ritenuto uno dei fiori più potenti nel mondo spirituale.

Il simbolo del gelsomino è grazia, femminilità, dolcezza, eleganza, ma la simbologia può variare secondo le tradizioni o il colore dei suoi petali.

In India è molto usato per realizzare ghirlande. Il fiore di questa pianta è utilizzato per l'estrazione di essenze che servono per la fabbricazione del profumo.

Il fiore bianco del gelsomino per il suo candore viene inserito nei bouquet da sposa, poiché si crede che sia un portafortuna nel matrimonio.

Il pomeriggio volge al termine, il sole sta per tramontare, il paesaggio si raccoglie in una gamma di sensazioni visive che culminano in una contemplazione del silenzio come immagine dell'infinito e dell'eterno.

Nelle prime ore di un pomeriggio d'estate uscii a passeggiare e m'incamminai sotto la luce abbagliante del sole verso la campagna in cerca di un po' di frescura.

Mi trovai a percorrere un viale realizzato con pietre piatte che conferivano un aspetto naturale di grande eleganza, che conduceva all'ingresso di una casa padronale.

Il viale divideva il prato dalle aree tappezzate da cuscini di fiori di garofano e di tagetes.

La fioritura del *Garofano* è composta da corolle dalle tonalità vivaci che ne fanno un complemento ideale per aree fiorite. Il suo nome sembra sia stato composto da Linneo con due parole greche "Dios" e "Anthas", che significa "fiore di Giove".

I crociati nel 1270 portarono in Francia questa pianta e la chiamarono Tunica, in ricordo dei luoghi santi.

Il garofano diventò il simbolo di valore per i soldati del Gran Condé; anche Napoleone lo scelse come emblema per l'onorificenza della Legion d'Onore.

Una leggenda cristiana narra che questo fiore spuntò sulla terra a seguito delle lacrime versate dalla Vergine Maria, quando vide il corpo senza vita di Gesù, per questo il garofano divenne simbolo dell'amore materno.

In generale la simbologia di questo fiore è legata all'amore e al fascino, ma gli sono attribuiti anche significati diversi, dipendenti dal colore.

Il garofano bianco conserva i valori simbolici di purezza, innocenza, lealtà, amore puro, quello rosso denota profondo amore e affetto. In alcune paesi è simbolo della "Festa del Lavoro".

Il garofano spesso si usa in occasioni speciali.

I fiori di *Tagetes* sono piccoli con petali dai toni caldi che vanno dal giallo all'arancione, che permettono un accostamento elegante e si integrano perfettamente con i fiori di garofano, creando una meravigliosa copertura del terreno con un effetto ornamentale.

Il *tagetes*, il classico "garofano d'India", è una pianta che non ama essere toccata, quindi se viene maneggiata emette un odore sgradevole. Il suo nome deriva da quello del dio etrusco Tages, fondatore dell'arte divinatoria in Etruria.

Una leggenda antica ha fatto di questo fiore il simbolo di divinazione. In Europa il suo significato sarebbe legato alla divinità etrusca e simboleggia l'apertura, la tolleranza, la comprensione, mentre nel suo paese di origine (Continente americano), rappresenta la beatitudine.

Nel linguaggio dei fiori è l'emblema della divinazione e dell'affetto sacro ed eterno.

All'interno del prato si ergeva un patio dove era stata inserita una fontana a forma esagonale, attributo della simbologia cristiana raffigurante la resurrezione.

La visione era piacevole ed era accentuata da un angolo confortevole, con la costruzione di una panca rotonda, attorno a un albero di melograno, che creava un angolo di massimo effetto decorativo.

Il *Melograno* è un arbusto vigoroso; originario del Mediterraneo e dell'Asia occidentale e centrale, è coltivato per i frutti eduli e per ornamento. Ha rami talvolta spinosi, foglie caduche, fiori solitari, carnosi generalmente rossi.

Il suo frutto, la melagrana, è una bacca robusta, con buccia molto dura e coriacea, a forma rotonda, contiene numerosi chicchi rosso rubino, dal gusto acidulo-dolciastro, matura nei mesi di ottobre, e novembre la corteccia delle radici e dei rami si usa in medicina.

Nella nostra tradizione è considerato fra i cibi benaugurali da mangiare nelle feste di Natale e Capodanno.

La sua simbologia nasce nell'Asia, nel corso dei secoli in diverse religioni e culture ha assunto un forte significato simbolico che ancora oggi esiste in molti paesi; fecondità, amicizia, concordia, unione.

La melagrana, grande bacca autunnale, era sacra agli Ebrei, ai Greci e ai Persiani, che la consideravano un frutto magico, capace di favorire la fertilità.

Nella cultura persiana la pianta rappresentava la bellezza della vita, la prosperità e la fertilità; era considerata anche simbolo dell'invincibilità, si riteneva infatti che i semi della melagrana aiutassero a essere invincibili sul campo di battaglia.

Nella cultura ebraica rappresentava l'onestà e la correttezza, il frutto per i suoi semi era simbolo di produttività, ricchezza e fertilità.

Nella Bibbia si parla del melograno come una dei sette frutti della "Terra Promessa", mentre nel libro biblico *Cantico dei Cantici* è simbolo dell'amore fedele e fecondo, dell'intesa della relazione tra l'amato e l'amata.

La melagrana è ricorrente nei dipinti di arte sacra di Sandro Botticelli e Leonardo da Vinci.

Una sera di una giornata estiva, seduta in giardino decisi di osservare il paesaggio della campagna per scoprire le varietà di forme e colore che avrebbe assunto.

Quando calò la sera, dovunque gli occhi posassero lo sguardo, sembrava che tutto il paesaggio circostante assumesse un aspetto fiabesco. Il sole rifletteva sulle piante una luce debole svigorita, il vento muoveva appena le fronde degli alberi che sembrano addormentarsi all'ombra del tramonto. Anche il cielo dal suo colore turchese s'intensificava in un celeste profondo.

Il mondo degli animali cambiava aspetto, mentre erano abituati a vivere di giorno, cercavano un posto per trascorrere la notte, una nuova popolazione si svegliava e riprendeva a vivere.

Gli uomini si ritiravano nelle loro case e in genere ignoravano quanto accadeva nel popoloso mondo degli animali notturni.

Poi arrivò la notte, c'era la luna piena, osservai i campi nei dintorni appena schiariti dai raggi lunari, l'ulivo del mio giardino aveva un colore grigio argenteo, il cielo gremito di stelle illuminava questo paesaggio di una luce siderale, rispecchiava pace e tranquillità.

Alcuni *Pipistrelli* volavano nel buio della notte emettendo una sequenza di vibrazioni, catturando gli insetti al loro passaggio.

Una *Civetta* con il suo volo soffice e silenzioso si posava su un albero.

Delle *Falene* (specie di farfalle crepuscolari e notturne) volavano attorno alla luce di un lampione compiendo talvolta dei giri a spirale.

Tra la siepe apparse un musetto appuntito con il dorso ricoperto da aculei, era un *Riccio* che con la sua camminata impacciata lasciava il rifugio, per la ricerca del nutrimento.

Mentre da sotto i sassi spuntò un *Rospo* fece qualche goffo passettino, poi via saltellando tra la vegetazione in cerca di cibo.

Succede perciò che la notte così silenziosa si riempia di rumori non percepibili dall'orecchio dell'uomo.

Nel periodo delle vacanze estive mi recai in montagna, il tempo era bellissimo, il sole illuminava tutta la vallata, non c'era una nuvola in cielo, decisi di fare una passeggiata nei dintorni, in una valle ampia rigogliosa macchiata di ginepri, arbusti molto comuni nei boschi di montagna.

Il *Ginepro* ha lunghi rami che portano foglie aghiformi, i frutti o bacche sono tondi, di colore verde quando immaturi, mentre quando raggiungono la maturità sono di colore nero-blu con odore forte, aromatico, grato e di sapore zuccherino.

Questo cespuglio è molto apprezzato fin dall'antichità per le proprietà medicamentose, le sue bacche dolciastre vengono usate anche per ottenere un eccellente liquore noto con il nome di gin. Le bacche si possono bruciare per disinfettare la casa e scacciare gli odori sgradevoli.

All'inizio del Novecento, nella sera di Natale, San Silvestro, l'Epifania, nelle campagne emiliane si usava bruciare il ceppo e un ramo di ginepro, il suo carbone si usava durante l'anno per tanti rimedi superstiziosi.

Nei tempi antichi in numerose culture, dal Tibet fino all'Irlanda, era diffuso l'uso del ginepro per proteggersi dalle forme negative.

Nel periodo greco-romano era simbolo di protezione, di fiducia, era sacro a Mercurio.

Il ginepro è simbolo di Cristo, forza maschile, energia del fuoco, dello spazio e della libertà.

Attorno agli arbusti di ginepro vi erano radure con piante di fiori di colore giallo, tra i quali riconobbi la mitica pianta di *Ginestra* o "fiore del deserto".

Al primo impatto visivo con questa pianta, la mia mente ricordò la poesia di Giacomo Leopardi, il quale vide nella ginestra un simbolo di coraggio e resistenza estrema, davanti a un destino inevitabile. Infatti, la ginestra ha un arbusto che, pur essendo esposto alla furia distruttiva della natura, si rivela flessibile e resistente.

Questa pianta rappresenta umiltà, zelo, forza, coraggio, orgoglio, speranza e solidarietà fra gli uomini. Simboleggia la fatica dell'uomo nel superare la sofferenza. Nel Corpus Domini, il vero significato della ginestra è la vitalità e la trasformazione spirituale.

Nella vallata uno stretto sentiero che scendeva fino a un laghetto con versanti ricchi di boschi dove s'innalzavano alberi di *Frassino*, al di là dei quali lo sguardo spaziava su una corona di alte montagne. Percorsi il sentiero accanto agli alberi, rimasi seduta qualche minuto sotto un albero di frassino, gli effetti erano straordinari, provai uno stato di rilassamento e di tranquillità, la mia mente si liberava da tutti i pensieri.

Si dice che l'albero di frassino fosse il primo albero creato da Dio e che fosse per i berberi il grande protettore della nostra matrice spirituale.

Gli antichi Celti avevano visto nei rami del frassino i simboli della cura, della protezione, della rinascita.

Una sera del mese agosto, in montagna piovve a dirotto. La pioggia arrivò a scrosci violenti irregolari come accade con i temporali estivi.

Al mattino seguente il tempo era rasserenato, il vento andava spazzando il cielo, uscii presto di casa e mi avviai percorrendo numerosi sentieri di montagna ricchi di suggestioni e fascino, camminando piano e osservando questo panorama così particolare che lasciava vedere la presenza di zone dove la vegetazione è più ricca.

La varietà era sorprendente, vidi cespugli di lavanda, gruppi vistosi di fiori gialli-arancione di arnica, arbusti di mirtillo.

La *Lavanda* è una pianta aromatica, preziosa, dalle innumerevoli qualità curative, ha fiori e foglie odorose, da cui si estrae un profumo.

Il fiore della lavanda simboleggia la purificazione del corpo e dell'anima, è un invito a liberarsi dalle negatività. Veniva anche usata per realizzare dei talismani portafortuna.

L'*Arnica* è una pianta medicinale che cresce spontanea nei luoghi di montagna. I suoi fiori raccolti durante la fioritura vengono usati come decotto, le foglie servono anche come surrogato del tabacco, in generale come creme, pomate, per curare la cosiddetta piccola traumatologia.

Il *Mirtillo* è una pianta rustica, vigorosa, che cresce spontanea nei boschi, ha frutti piccoli succosi di colore nero-bluastro dal sapore aspro e gustoso. Le bacche di mirtillo costituiscono una medicina che può essere usata efficacemente, in circostanze diverse.

È una pianta molto ricercata per i suoi frutti utilizzati per la preparazione di marmellate, sciroppi, liquori, erbe officinali.

Nell'antichità il mirtillo veniva offerto fresco o come bevanda agli ospiti ed era contemplato come simbolo di ospitalità.

Le bacche di mirtilli venivano utilizzate dai Romani e dai Galli per tingere di rosso le tuniche degli schiavi.

Questa pianta simboleggia gioia, amore, allegria, gloria, purezza di pensiero.

Chi va in montagna e trova questo arboscello generoso può dissetarsi con le sue bacche mature, come ho potuto fare io.

D'un tratto mi trovai a percorrere un sentiero in salita che s'inoltrava in un folto bosco di leccio, un albero sempreverde. I suoi frutti sono ghiande dette lecce, i fiori maschili hanno un'infiorescenza a grappolo, mentre quelli femminili sono spighe composte da sei, sette fiori.

Il leccio fu considerato un albero sacro ed era associato a divinità come Zeus, Giove, Diana. Sembra che per i Romani il leccio fosse una pianta oracolare. Per i cristiani simboleggia l'albero che diede il proprio legno per la croce di Cristo.

Il suo significato simbolico è lunga vita, perseveranza, dignità, forza, maestosità, durezza.

Salendo verso le alte quote la rigogliosa vegetazione del fondo della valle mi appariva più rada e sfoltita, il bosco si diradava sempre più, lasciando il posto agli arbusti e alle erbe che più in alto formavano la prateria alpina. Un luogo di grande emozione, sembrava celare aspetti misteriosi e selvaggi, la ricchezza della vegetazione e la varietà delle fioriture di narcisi, primule farinose e viole speronate, erano attrattive predominanti.

Il *Narciso* è una pianta bulbosa con fiori molto eleganti di colore bianco, munito al centro da una corona dorata e da un odore penetrante.

Il nome di questo fiore risale alla mitologia greca e alla famosa leggenda di Narciso, narrata dal poeta Ovidio nel terzo libro della Metamorfosi.

Il narciso è un fiore da un'importante simbologia e significato, appartenente a culture molto diverse tra loro.

Nella religione romana avevano l'usanza di piantare i fiori di narciso sulle tombe dei propri cari come simbolo dell'aldilà, gli antichi Celti associavano a questo fiore l'emblema della purezza, nella cultura ebraica era il fiore che simboleggiava la bellezza e la fertilità della donna.

In Cina è il fiore simbolo di felicità, introspezione, autostima, fortuna e poiché fiorisce nel periodo di Capodanno cinese, simboleggia prosperità per l'anno che sta iniziando.

Nel Cristianesimo il narciso è associato alla S. Pasqua e per questo divenne simbolo di resurrezione di Cristo. Nei quadri dell'Annunciazione può prendere il posto del giglio e indica amore divino e sacrificio.

Tutti sanno che la primula comune è quella di colore giallo, ma non tutti sanno che in alta quota esistono le primule alpine, di vari colori, come quella rosata che ho avvistato io. È una *Primula farinosa*, una pianta esile e delicata, la sua infiorescenza ha una forma a ombrella che porta un mazzetto di fiori rosa su di uno stelo slanciato. Le foglie sono cosparse di minutissimi peli, cresce spontaneamente e la sua fioritura va da aprile ad agosto. Il suo nome si riferisce alla caratteristica della peluria delle foglie che le conferisce un aspetto farinoso.

La specie è protetta con divieto assoluto di raccolta.

La primula in generale, nel corso dei secoli e nella storia di molte culture non è stata considerata solo un semplice fiore, ma ha assunto un profondo significato simbolico.

Questo fiore è sempre stato simbolo della primavera e del rinnovamento che questa stagione porta con sé ed è l'emblema della giovinezza e della precocità, infatti, è la prima specie a fiorire.

In Europa la primula è considerata simbolo di purezza, speranza, rinascita, vita ed è un fiore magico nel mondo celtico.

Nel Cristianesimo la primula è simbolo delle chiavi di San Pietro, poiché è colui che detiene le chiavi del Paradiso. Secondo una leggenda, il santo facendo cadere le chiavi fece nascere questo fiore, che in alcune zona dell'Inghilterra è ancora chiamato "mazzo di chiavi".

La *Viola speronata* deve il suo nome al fatto di avere il petalo inferiore che si prolunga in un tubetto detto «sperone».

È un fiore selvatico detto anche "fiore di montagna", il suo simbolo è la modestia per la caratteristica dei fiori che risultano piegati come se volessero fare un inchino oppure nascondersi.

La viola speronata possiede molte proprietà terapeutiche, i monaci nel XV secolo la coltivavano per usarla nella medicina popolare, sembra infatti che fosse efficace per curare diversi malanni.

In lontananza vidi un *Camoscio* che brucava ramoscelli e foglie di arbusti, alla mia presenza fuggì via facendo grandi balzi spettacolari. La montagna è l'ambiente prediletto del camoscio per l'intricato tessuto delle boscaglie.

Il camoscio è un magnifico animale selvatico, considerato il principe della montagna, agile, veloce, dall'aspetto robusto e muscoloso, la sua natura è perfettamente adatta a terreni scoscesi e impervi. È simbolo di eleganza, di forza, di coraggio, di fierezza, d'agilità.

In questo percorso notai per la prima volta il fascino dei fiori della montagna, Questi fiori alpini sono generalmente piccoli di colori poco appariscenti di forma modesta, talvolta appena affioranti dalle fessure delle rocce.

Eppure vederli spuntare sperduti su una parete rocciosa, così fragili e minuscoli fra tante asperità, trovai in essi delicata e inesprimibile bellezza.

Come la tipica *stella alpina*, un fiore delicato e magnifico, simbolo dei monti per eccellenza, caratteristico è il fitto e delicato feltro bianco che ricopre fiore e foglie per proteggere la pianta dal sole diretto e frenare l'evaporazione dell'acqua.

Non è tanto il loro aspetto a stupirmi, che piace e quasi commuove ma il «miracolo» che essi rappresentano crescendo e fiorendo là fra quelle pietre a quelle altitudini, esposti senza riparo a tutte le intemperie della montagna.

La bellezza di questi fiori è legata forse in gran parte all'ambiente in cui si trovano.

Proseguendo arrivai in alta montagna, dove sembrava che si potesse toccare il cielo con un dito.

La montagna aspra e rocciosa aveva conservato un ambiente naturale, in cui i segni della presenza umana erano ancora modesti. Come ogni altro paesaggio la montagna risponde alla struttura spirituale. I suoi suoni, i suoi colori colgono i riflessi dello spirito che partecipa con meraviglia all'incanto della visione della natura.

Si pensa che nelle zone di montagna le condizioni climatiche non permettano la vita di fragili e delicati fiori, ma non è così. Numerose specie di piante si adattano a vivere in tutte le zone, dalle praterie, alle rocce, dei boschi ombrosi e delle cime più impervie.

Guardandomi intorno per un momento, respirando l'aria che veniva dai monti, provai un'ebbrezza quasi infantile, che mi riportò indietro nel tempo, ai ricordi delle scampagnate fatte con i compagni di scuola sulle montagne liguri. Chiusi gli occhi e indugia ancora un momento, poi m'incamminai verso il ritorno.

L'estate resta sempre la stagione più gradita per fare delle passeggiate, e uno degli spettacoli più belli che la natura possa offrire allo sguardo umano, è la visione di un lago.

Arrivai al lago un pomeriggio di agosto, mi rallegrò la possibilità di vedere quei luoghi che avevo tanto sentito decantare.

Il mio itinerario cominciò percorrendo la strada costiera, rimasi incantata dalla bellezza del panorama che via, via si presentava.

Questi luoghi hanno un fascino discreto davanti a cui è difficile restare indifferenti.

Mi avviai per una stradicciola scendendo verso la riva, entrai in un mondo sorprendente, vista e odorato furono deliziati da stupendi fiori, ortensie, azalee, magnolie.

Tra il verde di mille gradazioni, vidi una villa antica circondata da un annoso parco. Curato in modo impeccabile, sfoggiava una varietà di piante che rappresentavano di per sé un interessante campionario delle specie vegetali di queste latitudini.

Il sentiero scendeva ancora, dopo una svolta all'improvviso vidi l'intenso brillare del lago, incastonato fra la cerchia dei monti che lo proteggono dai venti freddi, con il contrasto fra il verde-azzurro dell'uniforme distesa di acque un poco increspate, e il verde, il giallo, il rosso della vegetazione circostante.

Sulla riva c'erano un piccolo approdo e la barca solitaria di un pescatore. Ormai le barche vanno diminuendo per la sempre minore pescosità. Sulla sponda opposta si affiancavano imbarcazioni nuove e antiche, i turisti passeggiavano lungo le rive, mentre alcuni bagnanti erano immersi nella lettura.

Intenta a gustarmi il panorama, mi distrasse il rumore del motore di un traghetto che aveva a bordo dei passeggeri, diretto verso un'isola stupenda situata in mezzo alle acque del lago come una macchia verde scura sospesa sopra l'acqua azzurra.

I versanti del lago sono ricchi di boschi e pascoli e sulle rive prosperano il rododendro, l'olivo, l'alloro, il cipresso, il limone, e le coste sono arricchite da pittoreschi borghi e da ridenti cittadine. Il lago per il suo clima mite e per le sue località suggestive è un luogo di villeggiatura assai frequentato.

Settembre trasmette un'energia dolce ma avvolgente, intrisa di colori, di profumi che accendono i sensi e ti regalano l'ultimo colore della terra che si prepara all'arrivo dell'autunno.

Approfittando di questo piacevole clima settembrino, decisi di recarmi in collina, mi trovai a percorrere sentieri vicino ad alcuni alti e ombrosi alberi di *Castagno*, una pianta longeva che può vivere più di mille anni. Il frutto, detto castagna, è avvolto da una protezione spinosa (riccio), quando l'involucro è maturo si apre e fa cadere il frutto, che ha un alto potere nutritivo. Con i fiori che sbocciano a giugno e luglio viene prodotto il miele.

Questa pianta fruttifera ha una storia molto antica, i primi castagni apparvero infatti alla fine dell'Era Terziaria (circa un milione di anni fa) e fecero ombra con le loro fronde agli ultimi animali preistorici.

Il castagno è anche detto «l'albero del pane di montagna» perché la gente aveva la considerazione del castagno come del pane, poiché sfamava con i suoi frutti appetitosi i contadini delle zone più povere.

In molte tradizioni popolari italiane, il castagno è simbolo di previdenza, ed è l'ingrediente principale per molte ricette, come il castagnaccio, i marron glacé, le caldarroste.

Nel giorno dei morti un'antica e diffusa usanza era di mangiare le caldarroste e lasciarne alcune sul tavolo durante la notte, come cibo per i defunti.

Si racconta che i rametti dell'albero di castagno si usassero per farne talismani, con le foglie e la corteccia essiccate si creava un incenso protettivo che veniva donato ai viaggiatori.

Quest'albero è simbolo di generosità e di protezione poiché tutti gli esseri viventi trovano riparo intorno a esso.

Nel linguaggio araldico, il frutto è simbolo di resistenza (a causa del guscio che copre e nasconde il frutto), di virtù nascoste e fede inalterabile.

Il castagno lo troviamo spesso citato nella letteratura italiana, per esempio nelle opere di Giovanni Pascoli e Giosuè Carducci.

Camminando raggiunsi un parco boscoso con caducifoglie e aceri che ne richiamavano lo splendore con fogliami fiammeggianti, dove sorgeva una casa, all'ingresso un possente cancello circondato da un gioco di cespugli ornamentali di oleandri e agrifogli.

L'*Oleandro* è una pianta dai fiori grandi vistosi di colore rosso carminio, le sue foglie come i fusti sono velenose.

Un'antica leggenda narrava che l'oleandro fosse nato dal bastone di san Giuseppe.

Si dice che il matematico greco Pitagora sostenesse che questa pianta rappresentasse "l'esistenza nella quale l'Immutevole e il Mutevole sono congiunti".

L'oleandro simboleggiava l'armonia dell'universo per la caratteristica delle sue foglie di essere raccolte a grappoli di tre ed era considerato beneaugurante, ma a causa della sua tossicità è divenuto un simbolo funerario.

Nel linguaggio dei fiori simboleggia l'abbandono e regalare i suoi fiori vuol dire "ti ho dimenticato".

L'*Agrifoglio* conosciuto anche come pungitopo è un arbusto sempreverde, le sue foglie spinose hanno un aspetto decorativo, i suoi frutti sono bacche di colore rosso.

Secondo la tradizione cristiana le foglie appuntite, spinose, ricorderebbe la corona del martirio di Gesù, i frutti il suo sangue.

Questo arbusto è considerato in tutte le tradizioni dei popoli europei, magico e benefico ed è anche un potente talismano, portafortuna.

Nell'antica Roma durante le feste sacre si scambiavano le fronde di agrifoglio come augurio di buona fortuna, salute e prosperità.

Ancora oggi in Europa, durante le feste natalizie, si raccolgono i rami con le bacche rosse dell'agrifoglio per realizzare addobbi bene-auguranti, da appendere vicino alla porta d'ingresso; per questo è ritenuto il simbolo per eccellenza del Natale.

Di questa pianta non si può non notare l'incantevole bellezza.

All'interno del cancello, per raggiungere la casa vi era un elegante viale che attraversava il giardino con aiuole fiorite su due lati e una fila di rosai di media altezza.

In un lato del giardino vidi uno specchio d'acqua circondato da un cordolo di pietra, dove erano stati sistemati qua e là alcuni vasi belli come sculture, riempiti con composizioni variegate di piante che impreziosivano lo spazio e creavano uno luogo molto attrattivo.

Mentre all'imbrunire stavo rientrando, udii lo squittio di una *Civetta* accovacciata sopra un traliccio.

Quest'animale ha un atteggiamento superbo, particolari occhi capaci di vedere nell'oscurità ed è uno dei rapaci più affascinanti, eleganti e ambigui, il suo regno è la notte.

Nella tradizione popolare, quest'animale è associato al cattivo presagio e alla sfortuna, mentre nell'antica Grecia era simbolo di conoscenza, di buona sorte e di speranza. Era ritenuta sacra alla dea Atena (dea greca della saggezza), e per questo veniva riprodotta su monete, bassorilievi e vasi.

La civetta rappresenta l'equilibrio tra l'uomo e la natura ed è da sempre contemplata simbolo della saggezza e della sapienza ancestrale.

Anticamente in alcune culture era associata alla morte e alla rinascita, della civetta si dice che abbia il potere di addentrarsi nell'animo umano, rivelandone i più profondi segreti, attrae gli animi in armonia con l'occulto e con la magia, e rappresenta la chiaroveggenza.

E venne l'autunno!

Nel settembre avanzato i vivaci colori della natura si stavano attenuando, arrendendosi al primo fresco che anticipava l'autunno.

Nonostante fosse la fine di settembre la natura creava un panorama mozzafiato che mi invogliava a trascorrere delle ore all'aperto.

Percorsi una strada un po' fuori dal paese in un luogo pianeggiante, vidi un complesso di cascine abitate da contadini e dove si trovavano alcuni animali.

Separato dalle abitazioni si trovava un rustico riservato ai soli animali, vicino uno spazio coperto utilizzato come deposito per gli attrezzi, più distaccato un pollaio.

Nel rustico c'erano dei porcellini nati da sette o otto giorni, stavano stretti uno vicino all'altro in un angolo del muro come se avessero freddo e lamentandosi sommessamente cercavano la mamma. La maialina gli si avvicinò si distese vicino ai piccoli, subito loro con la boccuccia aperta cercavano con impeto il seno della madre.

Mentre dal pollaio usciva una gallina facendo alcuni passi sull'aia, beveva a piccoli sorsi da un abbeveratoio e drizzava il collo, poi beccava il cibo e i sassolini sparpagliati sul terreno.

Sull'aia c'erano anche dei pulcini e una chioccia che aveva appena trovato del cibo e crocchiava per richiamare i piccoli vicino a sé i quali accorrevano rapidamente verso di lei.

Tutto il complesso abitativo era circondato da diversi alberi che si rispecchiavano in un ruscello. Tra questi alberi un bellissimo salice piangente con un portamento ricadente verso il suolo come per abbracciare la terra.

Il *Salice* è caratterizzato da fiori piccolissimi, riuniti in amenti e da una corteccia grigia e profondamente incisa. Dai suoi rami flessuosi si ricava il vimine.

Il salice contrariamente al pino e alla quercia, che opponendo resistenza alla tempesta "si spezzano", si piega, cede, si erge di nuovo e sopravvive.

Per la sua capacità di far ricrescere i suoi rami spezzati, il salice nella mitologia greca era considerato l'albero in connessione con l'aldilà.

Nella tradizione popolare è sempre stato associato alla Luna, è simbolo di abbondanza, gioia, vitalità, rinascita, grazia, fascino, abilità artistica.

Nel corso dei secoli intorno a quest'albero si sono intrecciate favole e leggende.

Nei pressi delle cascine incontrai una scolaresca proveniente da una scuola media da una vicina città per fare un'escursione alla scoperta della natura.

Mi soffermai a parlare con alcuni ragazzi per sapere cosa pensassero di questo ambiente immerso nel verde. I ragazzi mi risposero con chiarezza esprimendo il loro pensiero.

Ritenevano che un paesaggio così solare ricco di alberi, di colori, di voli e canti di uccelli, di animali, dava l'opportunità di vivere in armonia con la natura.

Lamentavano che in città si va veloci, non si ha il tempo di osservare le piante che vivono nei parchi e nei giardini o crescono su davanzali e terrazzi.

Prendevano atto che la campagna è un luogo più rilassante, non si è assillati dal traffico e dai rumori assordanti della città, l'aria che si respira è più salutare; si ha inoltre la possibilità di fare lunghe passeggiate alla scoperta di nuovi luoghi incontaminati e puri, guardando e ascoltando quello che c'è intorno e prendendo coscienza di ciò che la natura ci offre.

Mi stupirono le loro risposte, credevo che i ragazzi fossero meno attenti alla natura, invece apprezzavano molto questo contesto.

Salutai la scolaresca e mi incamminai, quando vidi venire verso di me un grosso *Cane*, era di un contadino che abitava nella cascina.

Questo animale straordinario, fedele e leale amico dell'uomo, la cui amicizia è antichissima, risale addirittura alla preistoria. Addomesticato già dall'età della pietra diventò l'unico tra gli animali che si affezionò fortemente all'uomo e lo serve ancora con devozione e fedeltà assoluta.

Il cane e l'uomo sono due esseri che hanno sempre vissuto una vita in simbiosi e sono perciò indispensabili l'uno all'altro. Alcuni cani si affezionano all'uomo a tal punto che per difenderlo in caso di pericolo sono disposti a offrire la vita pur di poterlo salvare.

Nell'antico Egitto il cane era considerato un animale sacro tanto che quando moriva di vecchiaia i suoi padroni si tagliavano i capelli in segno di lutto.

Nella cultura antica il cane simboleggiava "… il principio filosofico conservatore, vigile della vita…" (Plutarco).

"… Denotava il messaggero che faceva la spola fra le potenze celesti e infernali…" (Apuleio).

Nello sciamanesimo era il messaggero degli spiriti della foresta. Nella simbologia rappresenta fedeltà, devozione, vigilanza, protezione, guardiano.

Il cane spesso è considerato un eroe culturale, un antenato mitico, essendo stato compagno in vita, continua a esserlo anche dopo la morte.

Una notte del mese ottobre mi sveglia tra il brontolio dei tuoni e il riflesso dei lampi, il vento soffiava e scuoteva gli alberi facendoli dimenare, scoppio un temporale.

Dopo una notte di vento e pioggia, al mattino il paesaggio si presentava traboccante di vita, il cielo era terzo, l'aria fresca, l'erba e le piante docili al respiro segreto perenne della natura.

La giornata si annunciava limpida, decisi di andare a fare una passeggiata in una valle a tratti selvaggia, tutta accesa di rossi e verdi colori della natura, tra le baite, le rupi, la quiete, le pendici brune costellate da pietre rocciose.

Mentre stavo camminando su sentieri un po' sdrucciolevoli tra sassi e vegetazione incolta, vidi al mio passare alcune lepri che sbucavano fuori dalle piante erbacee, le loro lunghe zampe posteriori gli consentivano di correre velocemente.

Raggiunsi le baite arroccate in cima alla valle, provai stupore di fronte a una terra aspra e selvaggia, coperta da foreste di conifere, limitata dai monti grandiosi si ergevano attorno, come sentinelle vigili, attente a sorvegliare l'equilibrio della natura.

Tutto il paesaggio si presentava come un verso di poesia.

Il sasso quindi la pietra rappresenta il simbolo su cui si è fondato l'universo, la forza stessa della vita, giacché la vita sulla Terra ebbe inizio sopra una roccia.

Le pietre hanno sempre avuto un significato spirituale per l'uomo, in tutti i miti simboleggiano un punto fisso o il centro dal quale l'essere umano può partire per ricercare il Paradiso o ritrovare l'illuminazione.

Presso le tribù nomadi le pietre sono le ossa della Madre Terra, poiché ogni cosa al mondo ebbe origine dalle stesse.

Alle pietre fin dall'antichità è associata una grande potenza simbolica, l'idea di una indistruttibilità della realtà suprema, di stabilità, protezione, durezza, la vita statica, ed erano presenti nei luoghi sacri insieme al simbolo primordiale, l'albero.

Una pietra, una roccia, una montagna, un albero, un bosco, tutti associati simbolicamente possono rappresentare il cosmo nella sua interezza.

Durante una passeggiata autunnale mi inoltrai in un bosco di alberi di *Faggio*. Mentre camminavo in questa faggeta mi sembrava che tutto mi invitasse al silenzio e alla meditazione, respiravo un'atmosfera di pace e di magia. La mia mente viaggiava in un'altra dimensione, i pensieri volavano via rigenerando il mio spirito, tornava in me la freschezza della libertà dell'anima.

Il faggio è un albero maestoso e austero, dall'ampia fitta chioma, se isolato, mentre nella faggeta la chioma è sottile e rivolta verso l'alto.

In veste autunnale il faggio diventa ancora più bello perché le sue fronde si colorano di tutte le gradazioni del giallo e del rosso.

È un albero generoso, di cui si usano quasi tutte le parti. Le foglie secche e i frutti sono cibo per il bestiame, invece i semi, che contengono un olio grasso, si usavano per l'illuminazione. Oggi sono impiegati nella fabbricazione di saponi. Il legno è un ottimo combustibile, utilizzato anche per costruire mobili.

Il faggio simboleggia la buona fortuna, la prosperità, la stabilità, è l'emblema della Danimarca.

Nell'antichità i Celti consideravano il faggio un albero sacro, un simbolo di conoscenza, di saggezza, di lucidità, era legato alla devozione della Grande Madre.

Quest'albero fin dall'antichità è sempre stato collegato a diversi miti e leggende.

Un pomeriggio passai lungo un viale tutto costeggiato di alberi di *Ippocastano*, conosciuto anche come "castagno d'India", un albero "esotico", arrivato in Europa dalla Persia e dalle foreste della penisola balcanica nel XVI secolo.

È un albero alto con un tronco robusto, rami imponenti, la sua chioma ha un portamento ampio e arrotondato con grandi foglie che somigliano a delle mani aperte. È una specie longeva e rustica, essendo un albero molto forte tollera le basse temperature e non ha particolari esigenze in fatto di suolo.

In questo periodo autunnale, la sua chioma poco per volta si spoglia e sotto l'albero fra le prime foglie secche si trovano i suoi frutti, tondi, marroni e lucidi, chiamati "castagne matte", perché non sono commestibili.

Gli antichi popoli contadini pensavano che tenere in tasca un paio di castagne proteggesse dai malanni della stagione invernale.

L'ippocastano simboleggia l'amore eterno e duraturo, i suoi frutti sono simbolo di abbondanza.

Ottobre è il momento dell'anno in cui la natura comincia a trasformarsi, la vegetazione perde il suo vigore, molte piante concludono il ciclo della loro vita, altre invece iniziano a germogliare nel periodo autunnale, è ciò che accade all'albero del *Corbezzolo*, che vidi vicino a un rudere e rimasi affascinata dal suo portamento esuberante e decorativo, ricoperto da piccole corolle bianco-rosate, riunite in grappoli, con deliziose bacche rosse, tonde, grosse simili a ciliegie.

Il corbezzolo fiorisce e fruttifica in autunno e porta a maturazione i suoi frutti, che si sviluppano dai fiori dell'anno antecedente, sulla stessa pianta si trovano contemporaneamente fiori, frutti immaturi e maturi.

Questo albero è molto apprezzato per i suoi frutti commestibili e per le proprietà curative; inoltre da esso si produce un ottimo miele.

Essendo una pianta sempre verde, simboleggia eternità, immortalità, per i popoli antichi longevità, ospitalità, guarigione e gli si attribuivano qualità magiche e protettive.

Nella mitologia si racconta che fosse usanza poggiare sulle tombe rami di corbezzolo con l'intento di garantire l'accesso all'immortalità nei Campi Elisi.

Il corbezzolo era considerato l'emblema del Tricolore, per questo nominato "Albero italiano".

Giovanni Pascoli vedendo nei colori del corbezzolo il rosso dei frutti, il bianco dei fiori, il verde delle foglie, una prefigurazione della Bandiera italiana, gli dedicò un'ode (*Ode al Corbezzolo*).

Nel linguaggio dei fiori il suo significato è "stima", ma anche espressione, stupore, meraviglia.

Attorno all'albero di corbezzolo vi erano fiori di *Pervinca* con diverse sfumature di colore che contrastavano la vegetazione dormiente, creando, col loro portamento tappezzante, un effetto di vivacità.

È una pianta perenne sempreverde e vigorosa, predilige l'ombra dei boschi e dei terreni incolti, non ha profumo.

Nell'antichità era ritenuta un simbolo di purezza e i suoi rami si usavano per confezionare ghirlande di buon auspicio, con i petali di pervinca si usava spargere i novelli sposi. I Celti la consideravano una pianta stregata, ancora oggi nelle regioni celtiche dell'Inghilterra e in Francia è nota come la *Violette de sorcières*, la violetta delle streghe.

Nonostante il nome inquietante fu molto apprezzata, tanto che Ginevra (famosa città della Svizzera) ne ha fatto il suo emblema cittadino.

È un simbolo d'amore, ricordo malinconico, eternità immortalità. Nel linguaggio dei fiori ricorda la solidità dei legami, in particolar modo l'amicizia.

Anche ottobre con i suoi giorni uguali era passato, erano arrivati i primi freddi e le piogge, uscivo spesso nelle belle giornate.

Uscii all'aria aperta di primo mattino toccai una pietra e la mia mano era quasi bagnata, mi chinai a osservare un ciuffo d'erba e i suoi steli erano coperti di minuscole goccioline, era la rugiada.

Guardai la campagna era uno spettacolo di eccezionale impatto visivo, le foglie degli alberi avevano assunto straordinari colori; gialle, rossastre, brune e si staccavano dai rami e, volteggiando nell'aria, cadevano a terra. Poi l'umidità dell'erba e della pioggia faranno decomporre le foglie, così diventeranno un buon concime naturale per il terreno, solo perdendo le foglie in autunno la pianta avrà la forza di mettere i germogli in primavera.

Il larice è il protagonista assoluto di questo mutamento stagionale, come pure l'acero che nel periodo estivo incanta col suo portamento armonioso e per il suo fogliame elegante, assume un colore giallo dorato.

Mentre gli alberi ormai si stavano spogliando, lungo la strada di campagna notai dei cipressi di un bel colore verde intenso con pigne tondeggianti.

Nonostante fosse autunno inoltrato, questo elegante sempre verde spiccava sul resto della vegetazione.

In tutte le tradizioni il cipresso è considerato un albero cosmico per la forma a fiamma, si pensa che possa mettere in comunicazione l'uomo con le forze del cielo a trasportare verso terra l'energia celeste.

Nell'antichità all'inizio dell'inverno si tagliavano i rami del cipresso ricoperti di pignette per comporre delle corone da deporre sopra il camino o all'ingresso dell'abitazione come decorazione ma anche per protezione.

Questo albero è parte integrante del paesaggio e della mitologia di numerosi popoli.

Nel periodo autunnale tutto il paesaggio era diventato aspro e silenzioso, ormai spogliato dal verde, il clima era quello del tardo autunno.

L'intreccio nero dei rami si stagliava verso il cielo, da alcuni alberi pendeva ancora qualche foglia giallastra, tutto intono si preparava alla stagione del riposo.

La natura ha bisogno di riposo, quel che appare morto in realtà è solo una pausa per rigenerarsi per poi germogliare.

Mentre mi interrogavo su questa stranezza della natura, apparve all'improvviso da un albero semi spoglio uno stormo di uccelli che emettevano un verso speciale e volando formarono più volte dei movimenti circolari nel cielo, per poi allontanarsi verso paesi più caldi.

Sembravano ormai lontane le lunghe passeggiate al dolce calore di certe giornate estive.

Le giornate si accorciavano, col trascorrere dei giorni la temperatura diventava più fresca, ciò nonostante uscii in passeggiata e mi avviai verso la campagna per osservarla "addormentata". Camminai più agevolmente che nelle altre stagioni perché la folta vegetazione era scomparsa e si era formato un soffice tappeto di foglie secche.

Incontrai delle donne e dei ragazzi che erano andati a raccogliere rami secchi da usare per il fuoco del camino.

Poco più in là, vidi su un ramo di un albero quasi spoglio un *corvo* che gracchiava, un uccello dall'aspetto robusto slanciato, ha una testolina arrotondata con un forte becco conico allungato e appuntito, ha penne tutte nere con riflessi metallici, è longevo e monogamo, la coppia resta insieme tutta la vita.

Il suo simbolismo è duale, è sempre associato a un passaggio da uno stato a un altro.

Le leggende dai Celti irlandesi agli Indiani d'America, il corvo evoca un clima positivo e affascinante in netto contrasto con il simbolismo dell'Europa cristiana. Per le tribù americane è un uccello in contatto diretto con il Grande Spirito, tramite il mondo dei vivi e il regno dei morti. Nella tradizione sciamanica simboleggia colui che controlla il potere magico.

È un uccello parlante, portatore dell'inconscio, rappresenta la profezia, il mistero, la solitudine, la spiritualità, il difficile cambiamento della vita.

LA Bibbia ha sempre stimato il corvo e lo erge a «messaggero degli stessi ordini del Signore».

Era giunta la fine di novembre faceva molto freddo, le mie passeggiate erano brevi, dovevo rientrare in fretta.

In quelle giornate quasi invernali mi godevo il calore della casa, il camino acceso, una tazza di cioccolata calda che assaporavo mentre guardavo fuori il mio giardino.

Resisteva ancora qualche rosa impavida assieme a una pianta di ortensia che acquistava una bellezza esausta e dolente, le sue foglie si accendevano di pennellate arancione, bronzo, viola o quasi nere. Tutto attorno si era adeguato all'arrivo della stagione invernale, creando una sinfonia di colori.

Mentre stavo osservando il giardino, vidi un *passerotto* che saltava qua e là in cerca di cibo, un uccellino di piccole dimensioni, dal piumaggio marrone, bruno-grigio, con il capo marrone e la gola macchiata di nero, il suo becco è tozzo, il maschio si differisce dalla femmina che presenta una colorazione grigio-bruna uniforme superiormente.

Il passero è molto modesto, umile, ha un modo curioso di avanzare sul terreno, saltella a zampe unite, è un cantore, ma il suo cinguettio è sempre uguale. È un uccellino curioso, allegro e rumoroso, lo si può addomesticare facilmente.

Vive in gruppo, è prepotente e attaccabrighe, è resistente alle avversità climatiche, anche nella stagione più fredda non migra, lo troviamo abitualmente nei luoghi abitati dall'uomo dove più facile è la ricerca di cibo.

Il passero simboleggia la libertà, l'allegria, la leggerezza, vita semplice, come anche l'amore di Dio, dato che questo uccellino veniva spesso accostato alle iconografie dei santi.

Nella mitologia greca era associato ad Afrodite dea dell'amore.

Esiste un'altra specie di passero, chiamato "solitario", al quale Giacomo Leopardi ha dedicato un canto dove stabilisce un'analogia fra il modo di vita del passero e la sua.

Due creature viventi, isolate sullo scenario ammirevole del paesaggio pieno di voci e di suoni, operano una scelta, il passero istintiva, il poeta razionale.

Il passero giunto alla fine della propria vita non rimpiangerà il suo modo di vivere, poiché la solitudine è una scelta naturale, al contrario il poeta arrivato alla vecchiaia avvertirà il peso della sua propensione alla solitudine e rimpiangerà il passato. La figura del passero solitario è frequente nella tradizione letteraria fino dai tempi antichi, ma soltanto nel Leopardi si eleva ai valori di mito poetico.

Durante la stagione invernale le mie passeggiate diventavano meno frequenti, accadeva spesso di percepire il desiderio di uscire all'aperto, ma dovevo rinunciare, non solo per il suolo che si presentava ghiacciato, ma anche i rami degli alberi erano rivestiti da cristalli di ghiaccio che sembravano delle stallatiti, che formavano delle figure fantastiche quasi scolpite. I cristalli sono formati da aghi sottili e alla minima scossa, il candido merletto si frantuma e cade.

E poi arrivò la morbida e candida neve, introducendo una visione di un paesaggio silenzioso, uniforme, stupefatto, appena infranto dal cinguettio di un pettirosso in cerca di cibo.

Il *Pettirosso* è un uccellino piccolo, colorato, dal canto melodioso, con un carattere vivace, amichevole con l'uomo, aggressivo verso i suoi simili, di cui non ama la vicinanza.

Il pettirosso simboleggia la rinascita, il rinnovamento, la speranza, l'armonia e la felicità, è anche simbolo dell'amore puro, eterno e disinteressato. Ed è associato sia alla morte che alla nascita di Gesù.

Dicembre avanzava, tutto intorno si percepiva un silenzio più fitto del consueto, i campi dormivano abbandonati sotto un manto di neve, le persone uscivano poco dalle loro abitazioni.

Arrivò la vigilia di Natale, il vento portava il suono delle campane che sembrava scendere dal cielo.

La sera della vigilia mi recai in un paese ad ammirare le luminarie, al centro della piazza si ergeva un grande albero decorato da festoni, fili perlati e luci intermittenti di colore rosso, oro, argento, sulla cima un puntale a forma di stella che rappresentava la stella cometa, che i re Magi seguirono per raggiungere la grotta della Natività.

Gli antichi di varie culture credevano che le luci che illuminano l'albero natalizio, corrispondessero ad altrettante anime. Per il Cristianesimo le luci del santo Natale continuano a perpetuare il simbolo di Cristo e della sua immortalità.

L'albero di Natale ha una valenza cosmica, simboleggia la rinascita e il rinnovarsi della vita.

L'usanza dell'albero di Natale entrò nelle case a partire dal XVI secolo in cui veniva addobbato con mele, noci, datteri e fiori di carta.

La leggenda racconta che Martin Lutero, rimasto affascinato da un abete in un bosco la notte di Natale, lo portò a casa come simbolo della nascita di Gesù. Anche l'uso di decorare i rami dell'albero con candele fu attribuito a Lutero.

In Italia nella seconda metà dell'Ottocento, la regina Margherita fu la prima ad addobbare l'albero di Natale e da allora si diffuse in tutto il paese, diventando un simbolo universale delle festività natalizie.

Vicino all'albero natalizio, era allestito un presepe. Nonostante siano state importate altre tradizioni, l'usanza del presepe, ancora oggi resiste, e rappresenta la nascita di Gesù, detta pure "Natività", ed è l'emblema di redenzione per l'intero Cristianesimo.

L'usanza natalizia di rappresentare con statuine anche mobili la scena di Gesù bambino visitato dai pastori e dai magi, le cui origini sono connesse con le sacre rappresentazioni e i misteri medievali, fu introdotta da San Francesco d'Assisi nel 1223, che fece rivivere in uno scenario naturale la nascita di Gesù.

Nella seconda metà del Quattrocento in Toscana e nell'Italia Settentrionale i presepi venivano allestiti più spesso, la massima diffusione si ebbe nel Settecento e divenne un rito irrinunciabile soprattutto nelle Chiese.

Oltre la composizione classica del presepe vi è anche la rappresentazione vivente in cui operano persone vestite con abiti di origine medievale, questa usanza è molto diffusa in Italia.

L'usanza vuole che alla mezzanotte del S. Natale nel presepe sia posta nella mangiatoia la statua di Gesù e rimanga fino al giorno dell'Epifania, quando vengono deposte le statue dei Re Magi davanti alla Sacra Famiglia.

Secondo la tradizione risalente al VI secolo i re Magi furono tre e portavano in omaggio per adorare il Messia, oro, incenso e mirra. Secondo il Vangelo di Matteo i re Magi sarebbero stati i primi ad adorare Cristo e dei tre doni il più importante era la mirra. Si tratta di una resina gommosa estratta dai noduli del tronco di una pianta e viene utilizzata per realizzare unguenti a scopo medicinale, cosmetico e anche religioso, e le vengono attribuite moltissime proprietà.

Cristo significa proprio "Unto", non a caso simboleggia la sua consacrazione al ruolo di Re, Guaritore, Messia di ogni origine divina.

L'oro simboleggia il potere regale, con questo dono i re Magi accettavano la regalità di Cristo come Re dei Re. Era un omaggio a una potenza divina e sovrana e non terrena.

L'incenso manifesta il riconoscimento della natura divina di Cristo da parte dei Re Magi.

Il presepe rappresenta il Natale ed è una raffigurazione ricca di simboli provenienti in parte dal racconto evangelico.

Il manto azzurro di Maria simboleggia il cielo, mentre il manto di S. Giuseppe l'umiltà. La grotta in cui nacque Gesù per alcuni popoli è l'emblema mistico e religioso ed è anche un antichissimo simbolo cosmico. Mentre la nascita di Gesù si innalza a simbolo universale di amore e redenzione.

Questa tradizione per me è sempre lo specchio dei tempi, ne rivela gusti, usi, costumi, sogni e speranze.

Notai alcune persone che portavano dei pacchi regalo, avvolti da carta colorata con decorazioni natalizie e contornati da vistosi fiocchi di colore rosso, destinati a parenti e amici.

Molte persone allo scoccare della mezzanotte si radunavano nella Chiesa del paese per assistere alla Santa Messa, che assume una valenza simbolica, poiché si celebra nella notte la nascita di Gesù.

Dopo la Messa in piazza della Chiesa gli zampognari suonavano con la loro cornamusa un canto natalizio sotto l'albero di Natale e per chi gradiva c'era la possibilità di sorseggiare il vin brulé e gustare delle ottime caldarroste.

Tutto attorno si era creato un'atmosfera magica, che somigliava alla scena di una favola.

Con l'arrivo della stagione invernale, per gli animali si presentava una vita difficile.

Qualcuno se la cava immergendosi nel più profondo sonno, il "letargo". È un mezzo per sopravvivere offerto dalla natura, perché in questa stagione avrebbero difficoltà nel procurarsi il cibo adatto a nutrirsi.

Anche gli uccelli, nonostante resistano al freddo perché protetti dal rivestimento delle piume, hanno un istinto migratorio legato alla difficoltà di nutrirsi. Con il freddo e l'arrivo della neve che copre il terreno, gli insetti scompaiano, impediscono ai nostri amici uccelli di trovare l'abbondante cibo di cui hanno bisogno. Alcuni restano, sono affamati, vincendo il timore delle persone si avvicinano alle case alla ricerca di cibo. Invece il pettirosso sopravvive anche al freddo dell'inverno, perciò ha sempre stupito l'uomo.

I più fortunati sono gli animali domestici, che se ne stanno al caldo nutriti e coccolati, nella casa dell'uomo.

Specialmente il gatto ama stare raggomitolato sopra una comoda poltrona davanti al fuoco del camino, guardando impassibile ogni cosa e dando al bel musetto un'aria pensosa e compiaciuta, mentre nulla di quello che accade intorno lo preoccupa minimamente.

Sin dai tempi remotissimi il gatto è stato oggetto di culto e di timore superstizioso. Gli antichi egizi vedevano in esso un'impassibile e temuta divinità, veniva adorato e quando moriva veniva imbalsamato. Oggi il gatto ha perso il suo valere mitologico.

Nel corso dei secoli ci ha deliziato col suo spirito indipendente, la grazia felina e la bellezza sinuosa e compiaciuta. Tanto che oggi il gatto è l'animale domestico più diffuso e per l'uomo un prezioso compagno.

Per la maggior parte degli uomini il gatto continua a essere un animale misterioso, sembra avere qualcosa di soprannaturale, un'essenza che va oltre la nostra comprensione, affascina e al tempo stesso lascia perplessi.

Si ritiene che il gatto abbia la capacità di accorgersi di "presenze" immateriali, naturali o soprannaturali e di avvertire calamità naturali prima dell'uomo. Si dice anche che si in grado di eliminare l'energia negativa dagli ambienti e dalle persone.

Il gatto è visto come una creatura piena di spiritualità.

L'inverno ormai era giunto nel suo momento centrale, la campagna riposava, i suoni si erano attenuati, i colori erano quasi monocratici, sembrava tutto immobile.

Era gennaio, il freddo era intenso, non smetteva mai di nevicare.

Dalla mia finestra osservavo i fiocchi che scendevano lenti dal cielo avvolgendo in un immenso abbraccio bianco i prati, gli alberi, la strada e tutto scompariva ricoperto da un soffice manto, creando un paesaggio quasi fiabesco.

La neve stimola sempre l'iniziativa dei ragazzi che in strada scherzavano e si divertivano lanciando fra loro palle di neve creando dei pupazzi che vestivano con oggetti bizzarri, creando così un'immagine buffonesca, come se ne vedono ovunque quando le nevicate sono abbondanti.

Osservando in lontananza lo spettacolo delle montagne ricoperte di neve mi commossi infinitamente, ricordando le belle giornate trascorse sulla neve in compagnia della famiglia e degli amici.

Rividi quelle immagini suggestive mentre la seggiovia che saliva verso la montagna sfiorava le cime degli alberi e una leggera brezza creava un bisbiglio di voci sottili quasi inavvertibile.

Gli effetti che crea la neve non sono solo decorativi, essa protegge la terra dal gelo e favorisce quindi la vegetazione primaverile, soprattutto quella del grano dice il proverbio «... sotto la neve pane...».

A febbraio uscii mentre la campagna era ancora coperta di neve, rimasi meravigliata vedendo che erano spuntate fra il manto bianco di neve alcune piantine fiorite di soldanella, di bucaneve, di crocchi.

Questi fiori sbocciano precocemente poiché essendo poveri di acqua sono adatti a sopportare il freddo, mentre invece temono i raggi caldi del sole, il quale li potrebbe facilmente disseccare.

Infatti esse aprono le gemme quando sono ancora sotto la neve, poiché sono esseri viventi, producono un certo calore che riesce a far sciogliere la neve e a far uscire il loro fiore.

È per merito di queste piccole piante che noi verso la fine dell'inverno vediamo i prati ornarsi improvvisamente di innumerevoli fiori che sembrano spuntare come per magia.

Fioriscono così ogni anno ricordandoci, con la vivacità di delicati fiori, che l'inverno ormai è agli sgoccioli e sta arrivando lentamente la primavera.

Giunse la fine di febbraio, il tempo era inerte, ma tra le nubi appariva qualche lembo di cielo azzurro. La neve era quasi sciolta, restavano chiazze qua e là nei luoghi dove il vento l'aveva accumulata.

Anche la betulla, nonostante ancora la natura fosse imbiancata, faceva spuntare i primi germogli.

L'esile albero, che sfiora il cielo con i suoi rami, è considerato portatore di primavera ed è ritenuto sacro, dotato di una energia unica; è spesso visto come un simbolo di purificazione, di rinascita e rappresenta nel ciclo della vita la crescita e il divenire. Il suo tronco, con la corteccia bianco-argentea che si screpola e si stacca facilmente, rappresenta l'idea di rigenerazione e di eliminazione dell'impurità.

Gli indiani per curarsi usano la corteccia di betulla triturata e macerata, essi pensano di rubare all'agile pianta la sua flessibilità e di assorbirla nel proprio corpo.

Nell'antichità, nella cultura celtica e druidica, era considerato un albero cosmico ed era simbolo di purificazione mentale, fisica e spirituale. Nella magia era ritenuto portatore di energie potenti e positive, in molte tradizioni si usava nei rituali. Per un inizio di nuove imprese invocare lo spirito della betulla è di buon auspicio.

La betulla è una pianta legata alla guarigione ed è fonte di rimedi per numerosi malanni, viene utilizzata anche in medicina omeopatica e in cosmetica.

Siamo giunti al termine di questo racconto realistico, nato dal bisogno di comprendere il miracolo della natura, per poi portarlo a conoscenza, cercando di offrire al lettore un'immagine ampia delle meravigliose risorse che ci offrono il mondo vegetale e quello animale, che possono essere affascinanti e ricche di sorprese.

Dalla visione della natura vista da vicino, ho potuto notare gli animali che si esprimono con ricchezza di suoni e di impulsi istintivi. Essi vivono in una condizione felice, autosufficiente, muovendosi in un mondo che è tutta una meraviglia e accettando le leggi della natura, a cui non si ribellano, senza tentare di capirne i misteri.

Gli animali sono creature d'azione che si muovono mutando espressione, cambiando atteggiamento, variando posizione, secondo regole di comportamento. Sembra che "parlino" tra di loro anche se non usano parole e frasi; i loro segnali, "che hanno un significato preciso per gli altri individui della stessa specie", spesso sono appena percettibili dall'uomo.

Konrad Lorenz, Premio Nobel 1973 per la medicina insieme ad altri scienziati, ha analizzato per oltre quarant'anni il comportamento degli animali, sino al punto da «parlare» anch'egli con alcuni di essi, condividendo la loro «lingua».

Ogni giorno siamo a contatto con la natura, tutta la realtà da cui siamo circondati ci trasmette in continuazione un'infinità di segnali. Talvolta ne siamo consapevoli, spesso neppure ce ne accorgiamo. Il segnale a volte è prodotto senza particolari intenzioni, come il volo di un uccello, il cielo sereno o la temperatura dell'aria. Altre volte il segno può comunicare qualcosa di preciso, come fenomeni naturali, meteorologici, impronte sulla neve o sul fango.

Queste manifestazioni ci possono trasmettere informazioni come l'approssimarsi della pioggia, un vento improvviso, il passaggio di un uomo o di un animale.

Parlare di «sensibilità» o addirittura di «sentimento» delle piante può far sorridere coloro che non conoscono e non amano il mondo vegetale e considerano le piante entità immote, a volte piacevoli da vedersi ma «inferiori».

Tuttavia coloro che studiano e amano la natura hanno da tempo rivolto la loro attenzione alle nuove affascinanti frontiere della botanica.

Le prime conclusioni cui è possibile pervenire sono sconcertanti. Le piante mostrano reazioni di ansia, di piacere, di paura, di stanchezza e così via; esse mostrano anche di percepire il pensiero umano e di entrare in sintonia con esso; sono sensibili alla musica, all'amorevolezza e al disprezzo con cui vengono trattate.

Queste affermazioni sono state dimostrate con alcuni esperimenti eseguiti da vari ricercatori in diverse parti del mondo.

Oltre alla consapevolezza della indispensabilità delle piante per la sopravvivenza di tutti gli esseri viventi, la natura forse potrà indurre l'uomo a un accresciuto e rinnovato amore per queste amiche silenziose.

L'uomo, ben sapendo che egli stesso è natura, se ne ricorda soprattutto quando si trova ove essa si impone con clamore in un'esplosione di luci e colori.

Il grande etologo Konrad Lorenz aveva compreso che esiste un legame tra la natura e l'anima dell'uomo e che l'idea di essere umano distaccato dalla natura è una grande follia.

Lorenz disse:

"Un uomo che conosce bene la bellezza di un bosco in primavera, la bellezza dei fiori, la meravigliosa complessità di una qualche specie animale è impossibile che dubiti sul senso del mondo."

Indice

Premessa 9

Primavera 11

Marzo 13

Aprile 31

Maggio 37

Estate 45

Giugno 47

Luglio 63

Agosto 85

Autunno 99

Settembre 101

Ottobre 111

Novembre 117

Inverno 123

Dicembre 125

Gennaio 133

Febbraio 135

Conclusione 139